発達障害の僕が輝ける場所をみつけられた理由

栗原類

KADOKAWA

はじめに

僕は発達障害のひとつＡＤＤ（注意欠陥障害）です。

８歳のとき、当時在住していたＮＹ市の教育委員会で認定されました。


そんな僕が、なぜ、ＡＤＤの特徴である、衝動性やコミュニケーション障害を克服し、なぜ、モデル・タレント・役者という「自分が輝ける場所」をみつけて進んでこれたのか。

たまたま僕の容姿が良かったから、ラッキーだったから、と思われる方もいるでしょう。

確かにその理由もひとつにはあると思います（自分で言うのはおこがましいですが）。


しかし、ＮＹで小学1年のときに留年したり、日本での中学校時代に登校拒否になったり、高校受験に失敗したりという紆余曲折を経ながらも、障害に向き合い進んでこれたのは、早期の診断や、母の教育方針、主治医との出会い、葛藤を通じて僕自身が学んだことなど、様々な理由がありました。

発達障害は、脳のクセです。人によって障害内容は異なりますが、早期に気が付き、
環境を整え、正しく対処をすれば、ある程度の訓練で変わることができます。
できないことができるようになるということは難しくても、生きづらさは解消できます。
他の人より時間はかかるかもしれませんが、長い間に少しずつできることを増やせます。

2015年にNHKの番組「あさイチ」でADDだと告白したとき、
様々な方から「告白してくれてありがとう」というメッセージをいただきました。
多くは、僕のように障害のある人たちや、子どもを持っている人たちでした。
現在日本では、小中学生の約6.5%が発達障害であるとわかっています。(12年文部科学省推計)

僕は現在21歳。まだ夢の途中であり、日々障害に向き合う毎日ですが、
「なぜ僕が輝ける場所をみつけることができたのか」を振り返り、語ることで、
僕のように障害があったり、子どものいる方々に、少しでも役に立てたり、
支えになることができたら幸いです。

栗原類

Spotlight

2015－2016　最近の活躍

ショー（モデル）

2015年からパリコレクションに
4シーズンにわたって出演。
2015S/S（Yohji Yamamoto）
2015-2016AW（Yohji Yamamoto）
2016S/S（Yohji Yamamoto）
2016-2017AW（Yohji Yamamoto2016AW/UmitBenan）

（写真右）YOHJI YAMAMOTO HOMME 2016 SPRING SUMMER PARIS COLLECTION
（写真左）YOHJI YAMAMOTO HOMME 2016-17 AUTUMN WINTER PARIS COLLECTION

TV（タレント）

フジテレビ「アウト×デラックス」
毎週木曜　23:00 〜
出演：矢部浩之×マツコ・デラックス
アウト軍団の一人としてレギュラー出演。

ラジオ（タレント）

InterFM 897「Weird Is Good」
毎月第1月曜　21:00-22:00
洋楽の知識を生かしてDJをつとめている。
（写真は、カジヒデキさんと）

映画（役者）

「彼岸島デラックス」
2016年10月15日より全国ロードショー
主演：白石隼也×鈴木亮平
監督：渡辺武　原作：松本光司
主人公の宿敵、マスターヴァンパイア・雅役を演じる。

「インターン！」
2016年11月5日より
シネ・リーブル池袋、シネ・リーブル梅田ほか
全国ロードショー／主演：新木優子　監督：吉田秋生
インターンシップに取り組む大学生の一人、
青柳翔太役を演じる。

発達障害の僕が 輝ける場所を みつけられた理由――目次

PART 2

僕が輝く場所をみつけられるまで ……… 23

Column

PART 3

僕が輝く場所をみつけられた理由……111

PART 4

彼はなぜ輝く場所をみつけられたのか …… 143

Section_1

「長い目で成長を見守る、本人が好きなことを伸ばす努力を惜しまない」

母・栗原泉さん …… 143

Section_2

主治医・高橋猛さん

「早期の診断と適切なケア、中学時代の葛藤が『心の体力』を生んだ」

PART 1

僕はADD
（注意欠陥障害）

僕は小さい頃から感覚過敏だった

僕は、小さい頃から、特に物音に敏感でした。でもそれは決して「聴力が良い」ということではなく、僕にとって「良い音」と「悪い音」の違いがはっきりしていました。普段の生活では、さほど問題はありませんでした。母が音楽ライターなので、家ではずっとジャンルを問わず音楽が流れていたのですが、それらは、聴いていて気持ちよいと感じるものばかりでした。

保育園時代、もっとも苦手だったのは園児たちの「がなりたてるような歌声」でした。保育園では「正しくキレイに歌う」ことより「楽しく歌う」ことが重視されていたので、みんなが、思い思いに怒鳴るように歌っても誰からも咎められません。そんな歌声は、僕にとってはまるで雑音と同じ。歌を歌う時間は、毎回耳を塞いで甲羅に閉じこもった亀のように固まって地面にしゃがみこむか、断末魔の叫び声を聞いたかのように怖くて教室から逃げ出すばかりでした。

このような音の知覚（聴覚）過敏は発達障害の子どもには多い症例です。10年以上前に篠原涼子さんが自閉症の子の親として主演したドラマ「光とともに…〜自閉症を抱えて〜」でも描かれていました。

主人公の光は自閉症と診断されていて、彼がお寺でお坊さんのお経を聞いているワンシーンがありました。彼にとってお経は「嫌な音」だったので、耳を塞いで我慢していたのですが、耐えきれずに顔を畳に叩きつけて、最終的にそこから逃げ出すという彼の障害の象徴的な部分が描かれていました。

その知覚（聴覚）過敏設定は最終話まで続きました。後ろから声をかけられて驚き、耳を塞いだりしゃがみこんだり、学校の音楽の授業でのシーンでは、みんなの歌声が嫌いで耐えきれずに、教室から飛び出してしまいます。その結果、クラスメイトから文句を言われるシーンは、まさに僕の保育園時代を表していました。

僕もお寺のお坊さんのお経に耐えられずに逃げ出してしまったり、アーティストのライブを観に行く時も、アンプから出る音が大きすぎるために耳栓をしていてちょうどよかったなどのことが今でもよくあります。

強い「こだわり」がある

僕には「歩くコース」や「物の配置」にこだわりがあります。

たとえば、「歩くコース」について、一度行ったことがある場所に再び行く場合は、同じルートでないと気がすまないことが多いです。違うルートで行こうとすることに、ちょっとした抵抗があります。家を出る時間もぴったりでないと気がすみません。

一番気持ちが不安定になるのは、物の配置が、今まで覚えていたものと変わってしまうことです。たとえば、冷蔵庫の横のポケットに置いてあった飲み物を取り出して、使い終わって戻そうとした時に、取った場所に違う物が置かれていると、どうしたらよいのかわからずテンパってしまいます。本来置いてあった場所に置けないと、そこに数秒間、棒立ち状態になってしまうことが多くありました。空いたスペースに違う物が置かれていると、僕はちょっと気持ちが悪く、ムズムズした気分になってしまうのです。

舞台「Go West」の稽古の時にも、ちょうど同じようなことがあり、他に置ける場所があったにもかかわらず、スタッフさんに「すみません、これどこに置いたらいいですか？」と聞いてしまいました。

聞かれたスタッフさんは僕が何に困っているのか、きっとわからなかったでしょう。飲み物を元あった場所に置けないということは、僕にとっては居心地が悪くてしかたがないことだったのです。

「触感」に敏感

子どもの頃は、常温か温かい物しか触ったことがなく、はじめて粘土に触った時は、予想外に柔らかく、ひやっと冷たい感触に、かなりびっくりしたこともありました。

ですので、皆さんが小さい頃にやっていたであろう泥だんご遊びなどは、すごく嫌いで全くやりませんでした。ぬれた土のヌルヌル・ベタベタとした感覚がとても気持ち悪かったのです。今となっては慣れたので、触るのは全然大丈夫なのですが、昔は触るとまるでこの世の物とは思えないくらいビビってしまいました。このような触覚の過敏さも、発達障害の特性だといわれています。

注意力散漫で忘れ物が多い

出かける時はゴミ出しをするのが我が家のルールですが、玄関先にゴミ袋が置いてあっても気がつかずに出かけてしまうことがよくあります。

出かける15分前に母から「出る時にゴミを出してね」と言われても、15分たったら忘れてしまい、足元にあっても、大きなゴミ袋でも気が付きません。家を出る瞬間の靴を履いている時に「出る時にゴミを出してね」と言われて、やっとその指示を遂行できる。それを何か月も繰り返して、やっと、足元にゴミ袋があるかもしれないと考えられるようになり、自分でも見つけられるようになり、「今日は何曜日で、なんのゴミの日で、何を出さなきゃいけない」がつながって、行動できるようになるという具合です。

二つの動作が同時にできない

習字のようにただ書き写す、思考が伴わない書写は、繰り返せば、そこそこ読める程度の字で書けるのですが、通常文字を書く場合は、書写ではなく思考が伴います。そうなると途端に字が汚くなり、たくさんの時間と労力を使って練習しても、いっこうに上手に字が書けません。たぶん文字を書くという動作の際に、脳のどの部分を使えばいいのかがわからず、スムーズにできないのです。いくら反射神経を使って訓練しても、脳のメカニズムの問題なのでどうにもならないようです。

授業中やテストで手書きにこだわる文化が、発達障害児には大きな壁になっています。手書きが下手なら、キーボードのタイピングが速くなればいい。「字は下手だけどタイピングはすごく速いね」と褒められればいいのです。だけど日本の学校では手書きじゃないと許されない。そこが改善されると僕と同じような障害のある子どもにはよいのにと思います。

記憶力が弱い

短期記憶と長期記憶のつながりについては僕自身よくわからないのですが、短期記憶（ついさっき頼まれた内容や聞いた話など）が、数分後にも思い出せないことがよくあります。たぶん他の人から見ると、「聞いている顔をして、人の話を聞いていない人」に見えると思います。決して話を聞いていないつもりはないのですが、頭に残らず、そのまま素通りしてしまう感覚なのです。

短期記憶に残すのも大変なので、長期記憶に転送するのはもっと大変です。

僕自身は小さい頃から今までの記憶があまりありませんし、この本を書くのも母や主治医の高橋先生、友達などにどんなことがあったかを聞いて、思い出しながら書いています。自分だけではほとんど思い出せません。周囲に聞きながら書くのも、短期記憶が弱いので、聞いた話をどんどん忘れてしまいます。だから、書きはじめようとしても聞いた話が思い出せず、再度聞き直し、また忘れてを繰り返して、少しずつ書けることが増えていっています。

学校の教科でも暗記ものは全滅でした。授業はちゃんと聞いているのですが、今となってはアメリカ歴代大統領も、日本の歴史の年号も全然思い出せません。もちろん、テストでも答えられませんでした。映画やニュース、本などで長年にわたって繰り返し触れることで、少しずつ長期記憶に転送されているように思いますが、学校の1学期、1学年などの短い期間で覚えて定着させることは無理でした。

料理も作るのは好きなのですが、レシピや手順は覚えていません。毎回ゼロからやり始める感覚なので、得意料理もないですし、ひとりで全部できる料理もありません。たぶん同じ料理を毎日繰り返し作れば、いつか覚えられるのでしょうが、食事は毎日違うものを食べるので、いつまで経っても覚えられません。覚えているのは、ご飯の炊き方くらいでしょうか。ご飯は毎日炊くし、手順も同じなので炊くことができます。

感情表現が苦手、無表情に見えがち

僕はよく無表情だといわれます。楽しい時も楽しそうに見えないし、うれしい時にもうれしそうに見えません。

他者とのコミュニケーションをとるうえで、うれしそうに見えない、楽しそうに見えないというのは大きな欠点となります。親しい人達は、「表情にはでないけど楽しいんだ」ということを、なんとなくわかってくれます。でも、それほど親しくない人には通じないので誤解されやすくなります。また、表情にでないぶん、言葉で補足することも、この歳になってやっと少しずつできるようになりましたが、小中高時代を通して、言葉で補足することも足りず、誤解されたり、他者を傷つけてしまったりすることが多かったように思います。

自分の感情表現や表情が乏しいため、今も表情のお芝居では苦労しています。うれしい、悲しい、怒りなどを表情で表現するのは、僕にとってとても難しく、たくさんの映画を見て、俳優達の表現を見ながら勉強しています。しかも、最初のころは、俳優の表情の変化を読み取る力も弱かったので、一緒に映画を見ている母から「今の表情の意味はなんだと思う？」などと指摘してもらい、指摘された箇所をよく観察して、やっと心の動きに気づくという感じです。

人の心の動きを読み取るのが苦手

そもそも映画を観る時に、俳優の表情の変化、しぐさや言葉を発する際の語感、声から伝えようとしている感情の表現があるということも、つい最近までは理解できていませんでした。

子どもの頃から映画はたくさん観ていますが、僕が好きな映画は、映像技術の高いもの、映像美が醍醐味のファンタジックな作品が多く、俳優達のお芝居で見せていく人間ドラマには、正直あまり興味を持っていませんでした。人間同士の心の葛藤を俳優が表現して展開するドラマの醍醐味を理解できなかったのだと思います。

小学校時代はよく映画館で映画を観ていました。その頃はアメリカ映画がほとんどで、子ども向けでなくてもファンタジーやアクション映画が豊富な国でしたから、観たい映画には事欠きませんでした。日本映画を観るようになったのは中学校に入ってからですが、アメリカ映画に比べると、良質な作品には人間ドラマが多く、日本映画を観始めてからはストーリーを追っていく観方ができるようになりました。

俳優の動きや表情の変化でいつも興味をひかれるのは、デフォルメされたコメディタッチの演技ばかりで、自然な心の動きや微細な変化には興味が持てませんでした。というより、自分で観ているだけでは気づけなかったのだと思います。

高校では演劇部に入部し、顧問の先生が熱心だったこともあり、そこから僕のお芝居の勉強がはじまりました。しかし、台詞や動きで、役を演じることの本質は、なかなか理解できませんでした。映画やテレビで観て感動したり面白いと思い、それを自分で演じてみたい欲求はあるのに、実際に演じるとはどういうことなのか、よく理解できないままテレビに出るようになり、ドラマや映画のお仕事も頂けるようになりました。

そんななか、これらのお仕事に満足いく結果を出すためには、PART3で詳しく述べますが、人一倍努力をして、解決方法をみつけることが必要になるのです。

PART 2

僕が輝く場所を みつけられるまで

Memories

1994－2016　成長の記録

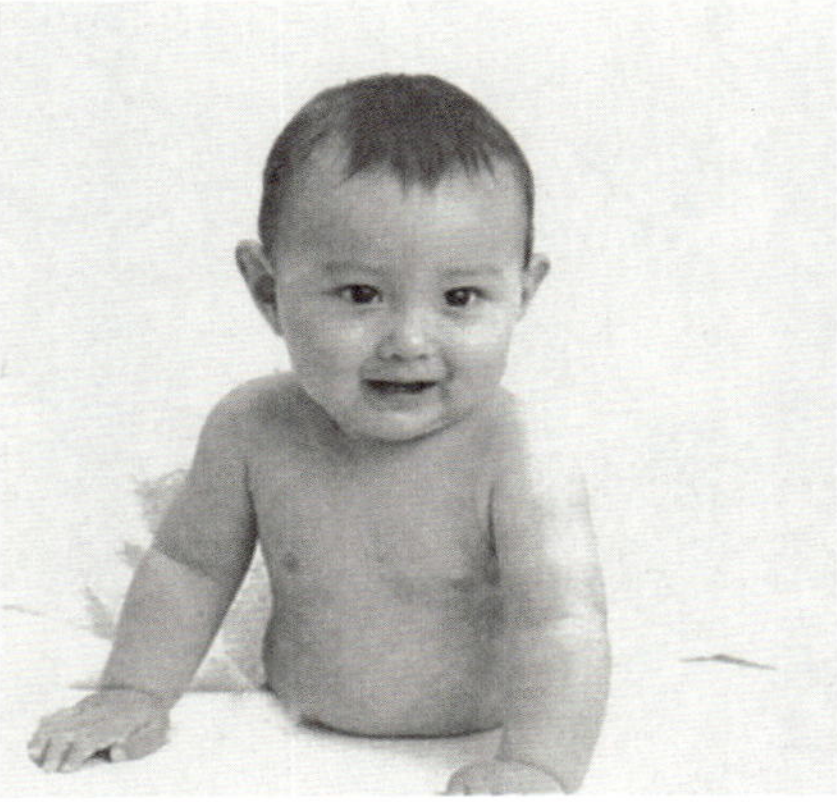

0歳。ベビーモデルの宣材写真（東京）

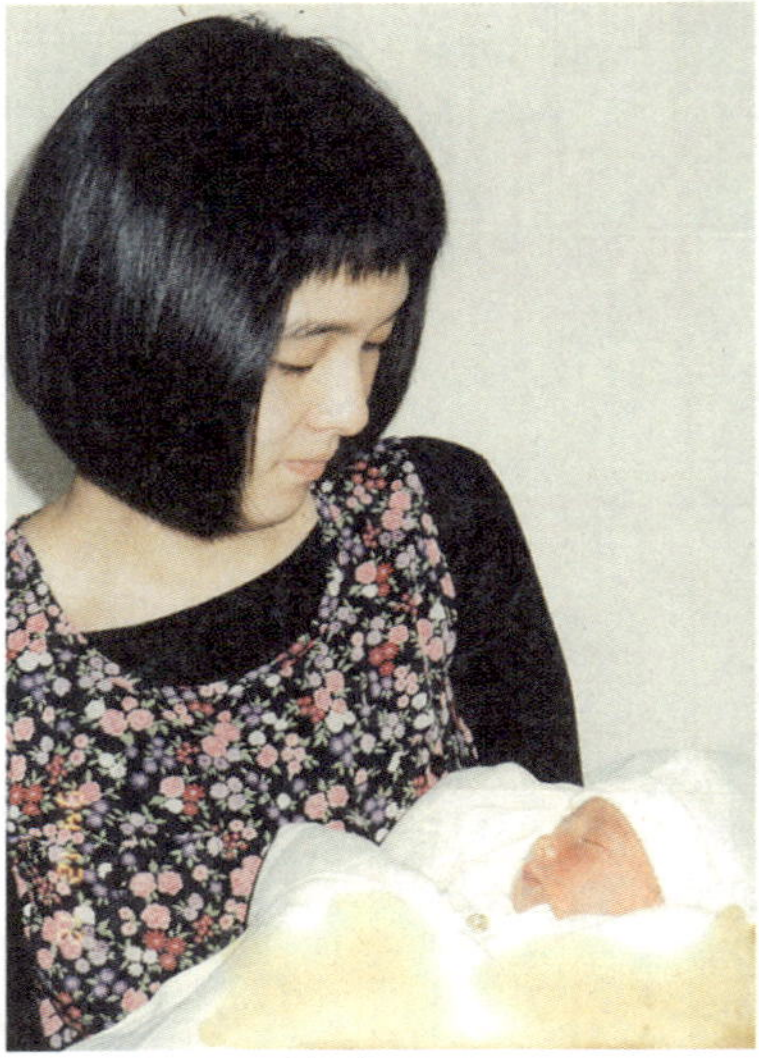

0歳。退院した日（東京）

0歳。母と公園で。赤ちゃんらしく丸々としていた頃（東京）

0歳。父と一緒に過ごした２週間（東京）

5歳。ブルックリンの鉄道博物館（NY）

5歳。最初にNYで住んだ家で（NY）

6歳。奥に立っているのがサンドラ。手前が類（NY）

6歳。誕生日（NY）

6歳。地下鉄で（ロンドン）

6歳。小学校のハロウィンの日（NY）

7歳。井の頭公園（東京）

7歳。マンガ博物館（ベルギー、ブリュッセル）

7歳。夏の避暑地で（モントーク）

7歳。トーマス英国歴史保存鉄道の駅で（ウェールズ）

8歳。母の友人たちと旅行（アリゾナ）

8歳。ロッキー山脈の温泉地で（コロラド）

8歳。母の友人たちと旅行（コロラド）

10歳。学校の学芸会で、ニューアムステルダム時代の子ども劇に出演（NY）

10歳。旅行の途中（サンフランシスコ）

8歳。ドライブ（アリゾナ）

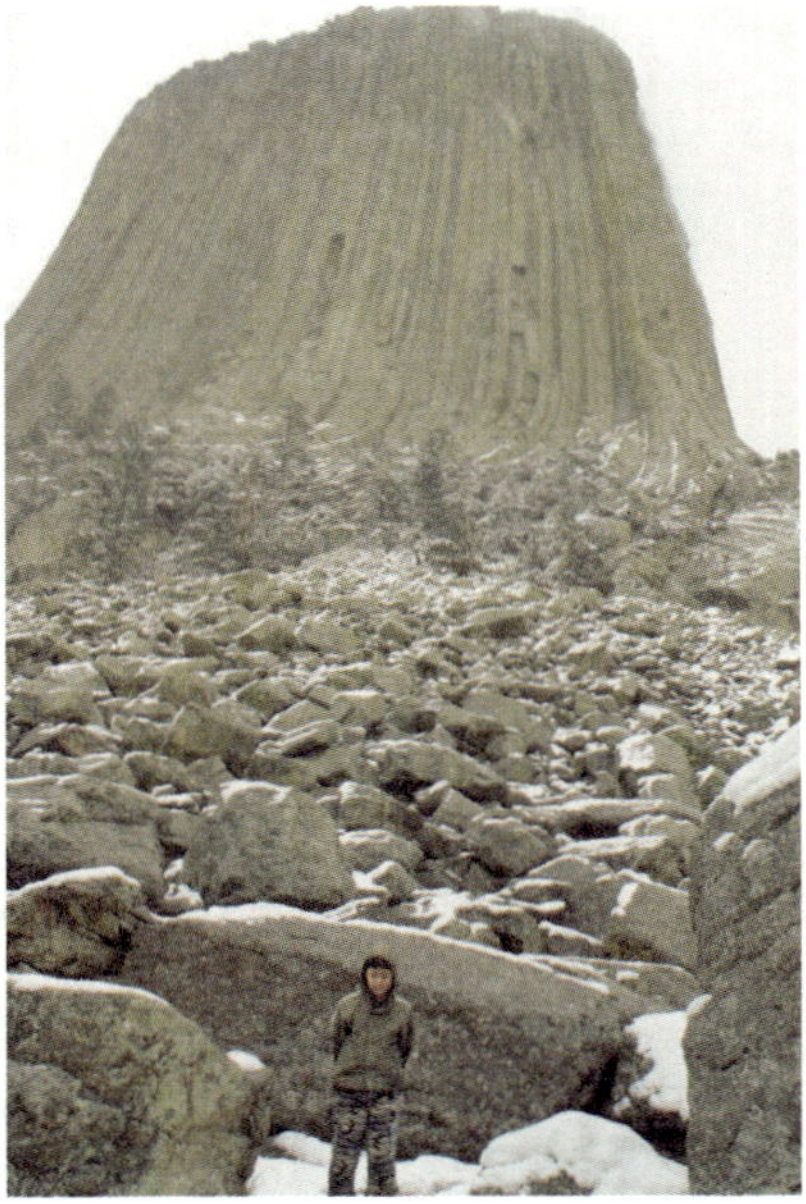
11歳。デビルス・タワーの前で（ワイオミング）

10歳。よく遊んだ近くの公園で（NY）

11歳。遺跡の前で（マウントラッシュモア）

12歳。中学校の入学式。母と（東京）

11歳。世界一長い名前の湖（マサチューセッツ）

12歳。モデルの作品撮り（東京）

12歳。小学校の卒業式（東京）

14歳。ファッション雑誌の撮影中（東京）

14歳。ファッション雑誌のオーディション（東京）

16歳。高校の入学式（東京）

19歳。パリコレのスナップ撮影（パリ）

19歳。パリコレのインタビュー（パリ）

20歳。死海に浮かんで読書中
（イスラエル、エン・ゲディ）

19歳。パリコレの会場で（パリ）

生い立ちと、父親の不在

僕は、1994年に東京で生まれました。父はイギリス人、母は日本人ですが、二人は結婚しておらず、母は出産のために帰国。4歳まで母の実家で育ちました。

生まれた頃から父親はそばにいませんでした。でも、そのことに関して、違和感や不便さを感じたことは一切ありませんでした。父が生きていた頃から、僕はずっと母と一緒に日本で暮らしていました。父は僕が生まれてすぐの頃に、日本に来たことがありましたが、滞在期間も2週間程度で、その時は、僕と一緒に暮らしていたそうですが、日本でずっと暮らすつもりはなかったようです。家では僕と母親と二人だけの状況が多かったので、そのことについて、母親には何も聞きませんでした。父親と触れ合ったのはわずか2週間程度だったため、彼の事を「父」だという意識も持っていませんでした。

僕が父親の不在に気がついたのは、6歳で小学校に上がった頃でした。しかもNYに行ってからでした。ある日学校で、誰かに「なんで類にはお父さんがいないの？」と聞かれたのです。恐らく日本ではこういうデリケートなことを聞くのは「無神経」であり、親が子どもに「聞いてはいけない」という風潮がありますが、アメリカではこれが普通でした。それがきっかけで、母に父親がいないことを聞いたのです。

母からは「死んじゃったからいないのよ」と言われました。それを聞いた後も、僕は「そうなんだ（棒）」状態でした。これを読むと「ひどい人」と思われるかもしれませんが、昔から僕はあまり人に興味を持てなかったのです。それは「自分にしか興味が無い」のとは違って、「人に興味が湧かなかった」ために、父親に対しての興味もゼロだったのです。それはそれでよかったと今となっては思います。

父親がいなくても「お父さんがほしい」と、一度も母親に言わなかったし、正直もし父親の代わりになるような人がいたら、母親と一緒にいる所を見てムカついていたかもしれません。「マザコン」と思われるかもしれませんが…（たぶん、そうです。笑）。

昔からひとりっ子でいたのが何よりうれしくて、他の子が家にいたら、それが原因でストレスを抱えていたと思います。

そして母に「あなたが他の誰かとセックスしなくてよかった」と言うと、母が「お前死ねよWW」と言い合えるような関係にもならなかったでしょう。今のこの親子関係は、父親がいなかったからこそ成立したと思います。ですので、父親がいなくてよかったと思いますし、今後もほしいとは思いません。

1歳から日本の保育園へ。ベビーモデル開始

母が出産後半年くらいから仕事をしていたので、1歳から保育園に通いました。母親の職業は通訳、翻訳家、ライター。CROSSBEAT magazineやEAT Magazineなどの雑誌で、アーティストのライブレポートやインタビューを日本語に訳したり、アーティストのアルバムの歌詞の対訳をしていました。

保育園にはなじめなかったわけでもありませんが、あまり好きではありませんでした。家にいる方が楽しくて、人みしりではなかったけど、集団が好きではなかったのです。保育園にいるときは、友達や先生たちと話はしていたので、決して孤立していたわけではありませんでした。当時から僕は背が高くて、細身で運動能力はそんなに高い方でもなく、絵を描くのが苦手で、文字を書いたり読んだりするのにもほとんど興味を持ちませんでした。そして、「類くんだけ○○ができません」と、他の人と比べられて、母がプレッシャーをかけられる事が多かったようです。

生後1年くらいしてから、モデル事務所に登録して、ベビーモデルの仕事を始めました。紙おむつのCMやミュージック・ビデオなどに出演しましたが、オーディションは受けても落ち

ることが多く、それほど仕事は多くありませんでした。

保育園で「あれができない。これができない」とレッテルを貼られても、僕は決して問題児ではありませんでした。当時はクラスの和を乱すこともなかったようです。でも、クラスメイトとテレビ番組の話になっても、話は聞くけど、当時話題になっていた戦隊ものやポケモンなどの日本のアニメは観ずに、CATVのカートゥーン ネットワークなどで放送していた、アメリカのアニメを毎日観ていました。母と過ごす時間には音楽を聴くことも多かったのですが、当時は自分で選ぶというより、母が聴きたい音楽をかけていて一緒に聴いている感じでした。

5歳の時に渡米。NYの保育園へ通い始める

渡米したのは5歳の時でした。母は僕が生まれてすぐの頃から、海外へ連れて行くことを考えていたようで、1歳を過ぎた頃から毎年、1か月くらい海外に旅行していました。ロンドンやNYで1か月過ごす間は、現地の保育園に通っていました。でも、2歳の時も、3歳の時も、1か月通ってもそれほど英語がしゃべれるようにはならないし、日本に帰国して日本語で生活すると、すぐに日本語に戻るという言語感覚だったと思います。元々なにかを覚える、習得するのに時間がかかるタイプなのだと思います。

その後、4歳の時のNYで通った保育園を僕が気に入り、海外に住むならNYがいいと自分

で選んでNYへ。母は最初、イギリスでなくアメリカに住むと、英語もアメリカン・イングリッシュになってしまうし、イギリスの文化や習慣を身につけず、アメリカ人化していくのはほぼ避けられないこと、そしてイギリス人としてのアイデンティティをきちんと育てなくていいのか悩んだようです。でも、僕自身が楽しく生活していくことを優先させてくれてNYにしたようです。

英語の発音は方言と同じで、その国の人によって異なります。アメリカ英語は一番みなさんが知っている種類の英語だと思います。そして、一番クセがないと言いたいところですが、それもちょっと違います。アメリカにはたくさんの州があり、当然エリアごとに英語も大幅に異なります。ひとつの例だと、僕が知っているミネソタ出身の人は今でもたまに「Room」(ルーム)を「Rum」(ラム)と発音する事があるらしいのです。つまり、いわゆるアメリカ英語は、ハリウッドや教育キットの英語のことをいうと思っていただけると混乱しないと思います。僕はNYに住んでいたので、話す英語はNYアクセントがあります。

もしあの時に、ロンドンに行っていたら、僕の人生も大幅に変わっていたと思います。自分が話す英語のアクセントが変わるということは、自分を育てた親が変わることと同じだと思います。発音や単語が違うのもそうですが、世界史の授業も違う形で勉強しないといけません。例えば、第二次世界大戦についての考え方は日本とアメリカで全く違います。歴史的事実が同じでも、それに対する考え方が逆だと、これまで学んでいた事が「違っていた」ことになります。それは、まるでコーヒーカップに乗って、自分以外の誰かに大回転させられて降りる時の頭の混乱具合と同じだと思います。

4歳から5歳までの間に、2、3回、NYと日本を往復しました。母が出張の時に僕を連れて行き、保育園に通わせてくれました。この時点からすでに、日本にいる時は日本の保育園、NYにいる時はNYの保育園という生活が始まっています。NYの保育園でも友達ができてきましたが、当時の僕はほとんど英語がしゃべれなかったようです。ほとんど擬音語と擬態語しか発していなかったようですが、友達となかよく遊んでいました。たぶん当時の僕は人見しりではなかったのだと思います。

音楽の時間は、みんなで歌う曲の歌詞はなかなか覚えられませんでしたが、楽しく飛び跳ねて一緒に歌を楽しんでいました。恐らくアメリカの保育園で自分の衝動性を抑えられたのは、アメリカの子ども達が、正しい発声だったからだと思います。そして、何よりよかったのは、「集団でやる意義」や、「無理強い」を感じることなく、上手く歌えなかったら正しく歌う指導をしてもらえ、歌えなくても、冷たい目や嫌な顔をされることなく、やさしく接してもらえることが多かったからだと思います。

5歳になってから本格的にNYへ移住しました。それまでは短期契約のアパートを毎回借りていたので、行くたびに住む家が違いましたが、正式に居住するためのビザも取得して、アパートも長期契約で借りました。6歳になってからは小学校に入学しました。NYでは公立小学校も学校選択制なのでいくつか見学に行き、母と話し合って行く学校を決めました。

家から近いリベラルで成績も上位の小学校でしたが、僕は学校の雰囲気で選んでいたようです。お行儀のよい子が多いエリート校の雰囲気がどうも僕は好きではなかったようで、そういう学校の見学に行くと帰りたがってゴネたそうです。選んだ学校はとてもオープンでフレンドリーな雰囲気の学校でした。

NYの小学校に入学。おおらかで自由な環境

入学して最初のクラスは幼稚園の年長組と小学校1年生の合同クラス。通っていた学校では年長組＋1年生、または1年生＋2年生が混在するクラスでした。僕は年長組と1年生の合同クラスに入りました。

クラスメイトは19人くらいだったと思います。担任の先生と、副担任に教育実習生がついていました。教育実習生は3か月おきに新しい実習生に変わります。クラスに先生がふたりなので、目が行き届いた環境だったと思います。

NYの公立小学校では、基本的に教科書は使いません。決まった机や椅子もなく、毎日座りたい場所に座り、担任が用意したプリントなどを使って授業をします。担任のことを「先生」

とは呼ばず名前で呼びます。1年の時の担任は、サンドラでした。サンドラも僕のことを「ルイ」と呼んでいました。

クラスのルールは「ポケモンとバービーは、持ち込み禁止」くらいで、とても緩いものでした。そもそも持ち込み禁止というルールを作っても、守らない子は多いし、守らないこと自体は非難されません。ただ、禁止されているものを持ち込んで盗難に遭ったり失くしたり壊したりしても自己責任というだけです。だから、ポケモンのゲームや野球選手のカードを持ってきて遊んでいる子も、バービーの文房具を持ってきている女の子もいて、ルールがガチガチでない心地よさがありました。

コメディとの出会いを作ってくれた、サンドラ先生

小学校時代は日本とアメリカを往復していて、その中で今の僕に一番の影響を与えたのは、アメリカで過ごした小学校1年生の時でした。日本と比較すると、僕にはアメリカの方が友達や話しやすい先生が多かったので、NYの学校のほうが圧倒的に居心地がよかったです。

僕は昔から衝動性が激しい子で、学校の子たちと喧嘩をしてしまうことが多くありました。自分から相手に喧嘩を売ることはいっさいしないのですが、バカにされたり、母や友達の悪口を聞いたり、実際には悪口を言われていなくても思い込みや勘違いでそのように感じたら、思

わずその人を押し倒したり、噛みついたりしようとしてしまいました。

一番カチンとなってしまうのは、人が僕のことをバカにしたと感じた時です。でも、これも僕の思い込みのことが多かったのです。僕は昔から冗談が通じない子で、バカがつくくらいの「真面目」でした。笑いのセンスがなかったというのもありますが、他人の冗談やギャグを、真にうけやすかったのです（正直いうと、今でもそうです）。例えば、「ルイ君の学校でまゆ毛がない人がいるって本当？」と冗談ぎみにいわれると、本気で学校中の生徒と大人たちの顔をひとりひとり全部見て、本当にいないのかを検証してしまうほどでした。また、自分のことではないのに、他人の笑い声が聞こえた時に、思わず「僕をバカにしてるな」と感じてしまうことが多くありました。


担任のサンドラは、「ルイは、笑うことを悪いことと思う節がある」「笑うことが悪いことではないという意識を持たせないと、人との関わりの面で問題が解決できない」と助言してくれました。さらに、「ユーモアのセンスを身につけないとこの先も問題だし、人とのコミュニケーションにおいてユーモアは欠かせない、ユーモアは社会で生きていくうえで絶対に必要なものよ」とも、話してくれました。

それから、「コメディ番組を見ていないでしょう？」とも言われました。確かに僕の家では観ていませんでした。日本の学校だったら、教師が親に「お笑い番組を見せなさい」とは言いません。また「普段どんなテレビを見せているの？」とも聞いてきません。おそらく日本だったら「余計なお世話」だし、進学に関係ないと考えてしまう親が多いかもしれません。サンドラの言葉に対して、僕の母は「え、そうですか？　これまでは『タンタン』や『ババール』などを見せてきました」と答えました。それに対してサンドラは「それもいいですが、もっとユーモアのセンスを身につけるために、多少下品な番組を見せたほうがいい。積極的にコメディを観て、笑う習慣をつけたほうがいい」と言いました。

母はそこまでしてユーモアを身につけるべきなのかと疑いました。わが家では別にコメディが禁止というわけではありませんでしたが、単純に昔から「お笑い」とは無縁でした。日本とNYのテレビでは、全くお笑い番組を見ていませんでした。テレビで見ていたものといえば、母親が観ていたドラマを横から覗く時と、カートゥーン ネットワークの番組だけでした。

サンドラの言葉に対して、母は半信半疑だったのですが、しばらくはコメディ作品を意識的に僕に見せるようにしました。僕は母から「友達に今学校で流行っているコメディを聞いてきて」と言われたので、仲のいい友達に聞きましたが、答えの大半は「ファミリー・ガイ」や「シンプソンズ」でした。でも、僕があまり興味を示さなかったので、母は自分の友人達に同じ質問をし、返ってきた答えが「サウスパーク」でした。

それで、母が僕に最初の4シーズンのDVDボックスを買ってくれたのですが、番組を観た瞬間に、ハマってしまいました。持っていたDVDを全部見終わったあとも、母に「残りのシーズンのDVDも買って」とお願いするなど、それまで全然興味を示さなかった「笑い」の素晴らしさを感じて、サンドラの言葉の意味がわかりました。

「サウスパーク」に関しては、なぜそこまでハマったのかは全然わかりませんでした。でも、今振り返ってみると、有名人をネタにするような番組をはじめて観たことと、ネタにしている物の意味や元ネタがわからなくても、所々に入っているジョークが面白く、アニメーションだからできるスラップスティック（どたばたギャグ）の表現が、僕のツボにはまっていたからかもしれません。

コメディへの興味が、役者を目指すきっかけに

しかし一番予想外だったのは、コメディ番組を見たことが、僕が俳優を目指すきっかけになったことです。コメディアンが出ている番組を見て、コメディアンをめざす人もいると思いますが、僕はそれよりお芝居の面白さを感じ、いろいろな人物になりきることの素晴らしさ感じ、俳優をめざすきっかけとなりました。僕が影響を受けたアメリカとイギリスの笑いで好きだったのは、アメリカ人だとクリストファー・ウォーケンとロビン・ウィリアムズで、イギリス人だと元モンティ・パイソン（コメディグループ）のジョン・クリーズなどです。

ロビン・ウィリアムズは彼のアドリブ能力が凄まじいのと、2度同じスタンドアップ（ネタ、お芝居的な）をすることがないというのが、すごく参考になっています。彼のエネルギーとスピード感は、僕の私生活にも影響を与えてくれました。彼のインタビューを読むと、常にジョ

ークを飛ばしていて、彼の人生はいつも「笑い」にあふれていて、僕に大きく影響を与えてくれました。

クリストファー・ウォーケンは笑いというより、役者としてめざす「像」を作りあげてくれました。話し振りが「変」で、表情がユニークで、彼のような人は他にいません。

芝居が上手い下手に関係なく、観ていてすごく楽しめる役者というのは、作品の出来不出来にかかわらず、視聴者が楽しめます。長い「間」や誘惑的な表情のウォーケンは、お芝居では使いにくい役者なのかもしれませんが、僕が「印象を残せる役者になりたい」と思うようになったのは、彼の影響が一番大きいです。

モンティ・パイソンは、全体的にすごく影響を与えてくれたのですが、僕が一番好きだったのはジョン・クリーズでした。彼の細かい表情やしゃべる時の力強さや、ヒトラーの物まね芝居は、小学校の時に観て、表現者としての大きな目標のひとつになりました。彼の代表的なスケッチに、彼の長身を活かして足を大きく左右に曲げながら歩く「バカ歩き」というコントがあるのですが、僕は彼がやったコントの中で一番好きで、私生活ではよくこの真似をしています。

僕は日本のお笑い番組を見ることがほとんどなく育ってきたので、日本のお笑い番組を観ても、知らない人達ばかりでした。でも今は、バラエティ番組での共演等の機会もあり日本のお笑い芸人の方々や俳優の方々についても知識が増え、生でお芝居を見て、大きな影響を受けた人がたくさんいます。その中で一番の影響を受けたのは、竹中直人さんと佐藤二朗さんでした。

おふたりのキャラクターやしぐさ、セリフの言い方と「間」は、まさに僕が先ほど話していた人達との共通点を感じました。

竹中直人さんは「竹中直人の恋のバカンス」をずっと観ていました。佐藤二朗さんは、出ているすべての映画での表情やしゃべり方が、僕がやりたい芝居をされていて、今でもおふたりの映画は毎回見て勉強をしています。

コメディやお笑いにハマって以降、前述の番組のほかに、それまであまり見ていなかった「ルーニー・テューンズ」や「トムとジェリー」、「アニマニアックス」など、今の僕の笑いのセンスを作りあげた番組を見るようになりました。今でもその時の心を忘れないためにたまに見るようにしています。

自分の障害を認識するきっかけになった映画との出会い

小学校に入学して、僕の人生に大きな影響を与える作品と出会いました。それはピクサーの映画「ファインディング・ニモ」です。

「ファインディング・ニモ」がアメリカで公開されたのは、僕が8歳の時でした。それまでの僕はあらゆる意味で好奇心がなく、母親に長期記憶障害の話をされても「そうなんだ」と軽く受け止めていました。映画の中で僕が特に気になったのは、なんでも忘れてしまう「ドリー」という魚のキャラクターでした。劇場では、僕を含め他のお客さんたちも、ドリーの言動をゲラゲラ笑っていました。それで、劇場を出たあと、母に「ドリーって何でも忘れちゃうんだね、すごくおかしくて面白いね」と話したら、母から「アンタもそうだよ」と細かくドリーの特徴と僕の特徴とを比較して話してくれました。

その時、僕は少しだけショックを受けました。僕はふだんリアクションを大きく取るタイプではなかったのですが、これにはショックを隠せませんでした。僕は、周りの人から見ると、笑われる存在だというのが衝撃的でした。僕の記憶がある限り、映画の感想を他人に話したのもこの映画が初めてでした。もしかしたら無意識に自分の障害のことがわかっていたのかもしれません。

「ファインディング・ニモ」は僕が人生ではじめて、自分の障害と向き合うきっかけを作ってくれたのです。自分が長期記憶が苦手なことを意識し、はじめて自分自身を深く考えた瞬間でした。

でもこの出来事も、ひと晩寝ると、翌日にはほとんど忘れていました。僕は昔から人と比べたり、比べられたりすることがすごく嫌いでした。母にも昔から「〇〇君はこれができるのに、なんであなたはできないの？」ということを言われたことは一度もありません。互いに「十人十色」の考えを大事にしていました。反面、僕には他の人との闘争心や、悔しさという感情が身につきませんでした。よくも悪くも危機感を持たなかったのです。それも僕が他人への関心がないことにつながってしまったのかもしれません。

NYの小学校は秋休み、正月休み、冬休み、春休み、夏休みなど、長期の休みが2、3か月おきにあります。それで2週間休みがあるなら日本に帰って日本の学校へというのが母の教育方針でした。小さい頃は年に1回は海外旅行をするようにしていたため、学校が休みの間だけでも、日本で学校生活を送れば、日本の集団での常識や習慣に慣れるし、日本語も忘れない。そして、日本語で勉強すれば日本語で考える習慣もつくだろうと思ったようです。

5年生で帰国。日本の小学校に通い始める

振り返ってみると、NYに引っ越してからも年に何度か日本に帰り、日本の小学校に通っていたことは、すごく僕の支えになりました。早めに日本の学校の方針やシステムに慣れていなかったら、なじみにくかったかもしれません。そのため、小学校のほとんどを海外で過ごしたとはいえ、日本の学校でのカルチャー・ショックはほとんどありませんでした。暑い日も寒い日も校庭で立ったまま校長先生の長い話を聞く全校集会にも文句は言いませんでしたし、放課後の教室の掃除もNYの学校にはない制度でしたが、不満はありませんでした。

そしてのちに、僕にとって重要な人物となる、主治医の高橋先生の医院に通うようになったのもこの頃でした。高橋先生は僕が通っていた小学校の校医でもあり、母が睡眠障害で先に通っていたのがきっかけでした。

モデルの活動を本格的に開始。母と約束した3つの禁句

ＮＹにいた頃は、モデルの事務所にも登録していなかったので、モデルの仕事は全くしていませんでした。僕が記憶している限り、徐々に仕事を始めたのは小学校5年の時でした。広告やファッション誌の仕事をやったり、日清のカップヌードルのＣＭの仕事が入ったり、仕事は少しずつやっていくペースでした。5年生ともなれば徐々に「深く考える」ことも身についていました。

仕事をする日程が近づいてくるたびに、毎日母親から「スタッフさんひとりひとりが集まって大きなひとつのプロジェクトを作っているのだから、モデルは決して主役ではない。みんなそれぞれにキャリアを持つプロばかりで、カメラマンのアシスタントさんも、スタイリストのアシスタントさんも、みんなあなたより年上で、常に自分は現場の一番下っ端であることを忘れるな」と言い聞かされていました。

そして、現場につき添う母と約束していたことがありました。どんな場面においても、「今何時？」「疲れた」「まだ？」の3つは絶対に言ってはいけないということです。今考えると、非常にシンプルで、わかりやすい禁句集だったと思います。

「今何時？」は、気になりはじめると、長い現場で何度も聞いてしまうかもしれない。繰り返し「今何時？」と聞いていたら、集中していない子に見えてしまう。僕のようなタイプは「ほ

どほど」がわからない分、気になりだしたら何度も聞いてしまう。だからそもそも言ってはダメな禁句にしたのでしょう。また、他のスタッフの人達はモデルより前に現場に入って作業をしている。モデルには椅子を勧めて自分は床に座るみたいなスタッフさんもたくさんいる中で、僕が「疲れた」なんて言うべきではないのです。さらに、セットを含めて全体の構図を作り終わるまで僕は待たされるのが当たり前の立場だから、「まだ？」という言葉は、自分の立場をわかっていないように見えてしまう。

「なぜ言ってはいけないのか」という理由については、何度も繰り返し母に言われましたが、僕の頭には残っていませんでした。しかし三大禁句集については毎回、現場に入る前に母に念を押されるので、忘れずに守れました。短いワード、短い説明ならなんとなく残るのです。それらの指示を守っていたので、現場のマナーは守れていて、現場スタッフから苦情が出たことはありませんでした。

クラスメイトから受けた暴言

当時は子どもだったので、クラスの友達に「今度〇〇に出るんだ」と言って「すごいね〜」と言われて、いい気分になりたいと思う気持ちは、正直、ありました。

しかし残念ながら、僕が自分の出演作を誰かに言うたびに、「あっそ」「かっこつけてんじゃねーよ」「自慢かよ」という冷たい反応ばかりでした。この時、僕は「なぜだろう」と思っていました。自分はみんなに害を与えるような行動や言動はしていませんでしたし、嫌われる要素は少ないとずっと思っていました。

でも、嫌われる要因をひとつ思い出しました。

前述したように、僕は日本とNYを行き来していたのに加えて、比較的アメリカでの生活が長かったので、日本に帰ってきても英語の方がしゃべりやすくて、授業中も先生が話す内容を、小声で英語にして話すことがありました。それがクラスメイトには気に食わなかったのか、よく「ここは日本なんだから、日本語をしゃべれよ」「アメリカに帰れ、英語人」という、小学生らしい暴言を吐かれていました。

もうひとつ、決定的な要素もありました。友達に言われたことを、先生に報告する事です。

これに関してはおそらく読んでいる人の中にも「チクリ魔」「自分が悪い」「自分の問題は自分でなんとかしろ」と思われる方もいるかもしれません。

しかし、アメリカの学校では、生徒同士でケンカなどの問題があったら、自分たちで解決するのではなく先生達が監督するのが普通でした。彼らはどんなに忙しくても、人手が少なくても何があっても、ちゃんとその問題をみなければいけないという「義務」があり、生徒達も先生に報告する方針でした。だからいつも問題を見てくれる先生達の「熱意」を感じていました。

日本の学校では、僕がほかの子から暴言を浴びるたびに先生に助けを求めても、「わかった」というだけで、何もしてくれませんでした。そして、その子からは「チクるんじゃねーよ」と言われる繰り返しでした。そんな日々が3、4年続き、地獄のような日々を送っていました。

周りと違うファッションで目立ってしまう

もうひとつ、関係ないかもしれませんが、身に付ける物の違いがありました。小学校時代にも僕のランドセルはみんなが背負う黒い縦長の物とは違い、エンジ色で横長のものでした。これはランドセルを買いに行った時に僕が選んだものです。僕は赤のランドセルがほしくて、どうしても赤じゃなきゃ嫌だ、赤じゃないなら買わないでいいと、かなり頑固に主張しました。しかし「日本の学校では赤は女の子が使うものという認識が根強い。買ってあげてから学校でいじめのネタになったりして、黒いのを買い直すことになったら嫌だから、赤は絶対買わない」という母の主張があり、お互いの妥協点としてエンジ色の横型ランドセルになりました。しかし、男の子は黒でなければ青とか緑を選んでいたようで、黒と赤以外の色のランドセルを使っている子は何人もいたのに、横型もエンジ色も選ぶ子はいませんでした。それで、母が他の父母から、皮肉っぽく「個性的」という言葉で、遠回しに「なんでわざわざ他の子と全然違うものを選ぶの?」と非難されていたようです。

学校に通う時の服も、普通の子どもが着るようなものとはちょっと違いました。母は服に対するあるポリシーがありました。それはお金をかけて高いブランドものを買う必要はないけど、安い服を着るにしてもファッションセンスを磨く努力は必要で、自分に似合う服を選ぶ。そして、流行に流されないということでした。なので、安くてデザイン性の良い服を探したり、レディースで安くて良い物を探したりしていました。バンドTシャツも家にたくさんあり、ライブを観に行く時に買うこともありました。

ファッションに関してはNYの小学校に通っていた頃から、周囲との違いが指摘されてはいました。NYは大都市なので田舎とは流行するものが違うと思いきや、子どもの間で流行るものは都市も田舎も関係ありません。当時の男の子はダボッとしたジーンズを下げた腰パンと、ゆったりめのTシャツを合わせるストリート系が主流でした。基準がひとつあると、そこから外れる子がほとんどいなくて、白人、ラテン系問わず、なぜかみんなBボーイなのです。しかし、僕はインディー・ロックやエモ系ファッションの大人が周囲に多かったせいで、ジーンズもフレアっぽいものやストレートのピッタリしたもの、Tシャツもピッタリ系のものを選んで着ていたので、アメリカの小学生から見たら女の子が選ぶ服みたいに見えたようです。それで、男の子からも女の子からも「オカマかよ」と、よくいじられていました。でも、僕からすると「小学生の間で流行しているスタイル」はダサすぎて迎合できないので聞き流していました。それより、周囲の大人に「そのコート、クールだね」とか、「そのTシャツ、僕も持っているよ」

と言われるのがうれしかったので、小学生の戯れ言は気になりませんでした。

日本に帰ってくると、日本の小学生ともファッションセンスが違うので浮いてしまいました。別に高い服を着ていたわけじゃないし、むしろクラスの子達よりお金をかけてなかったと思うのですが、「無駄におしゃれに気を使い過ぎる子」みたいに見られ、その噂が母の耳にも入っていたようです。アメリカにいた頃ほどファッションに関して直接的に何か言って来る子はいませんでしたが、人と違うことは、日本では「目立つ」ことで、何かにつけて標的にされやすいのは事実だと思います。


でも、辛いだけの小学校生活ではなく、自分なりの幸せはありました。

まず第一に、同じゲームやアニメの話が合う友達がいなかったら、学校は楽しくなかったと思います。幸い、僕が行った小学校には、小さい頃に通っていた保育園の子の進学率が高かったので、知っている人が多く、安心感がありました。

第二に、この方法は今でも僕が使っているリラックス方法ですが、ひとりでいる時に（外であろうと建物の中であろうと）自分が好きなアニメやゲーム、映画のやり取りをひとりで再現していました。

僕は小学校4年生の頃にピクミンというゲームと出会い、やり始めた瞬間に好きになりました。映像、音楽、やり込み性と操作が今までやっていたゲームと全く違っていて、ピクミン達も可愛かったので、ほぼ毎日やっていました。そして、白ピクミンがゲーム中に埋まっているお宝を掘り上げる時の鳴き声と掘り方を真似しながら穴掘りをしたりして遊んでいました。

中1の時、いじめによる不登校を経験

僕は一度だけパニックになった事があります。

中学入学後、いろいろな変化や、一部の上級生のいじめっ子からの日々のプレッシャーなどがあって、5月のある日、突然、動悸がして、何が何だかわからなくなり、どうしたらよいか、このままどうにかなってしまうのではないかという恐怖感が高まり、とにかく混乱してしまいました。

そして、学校から息を荒らげて、そのまま主治医の所に行きました。

その時のことはほとんど覚えていませんが、僕は学校で軽い脅しをかけられていました。小学校時代にはそんな事はなくはじめての体験。それが衝撃的に怖かったせいか、2週間ほど登校拒否になってしまいました。母は僕が学校に行きたくないと言い続けた結果「じゃあ、違う学校に転校するよ」と、準備をしようとしていましたが「それは嫌だ」と言って母と何度も口論になりました。同じ中学に仲の良い友達もいたので、全く知っている友達のいない学校に転校したいとは思いませんでした。結局2週間程度で学校にまた通うようになったのですが、それでもやはりまだ完全に回復していなかったので、喘息の発作を抑える薬とは別の薬を飲みな

がら通っていました。

喘息の薬はその頃、発作がしばしばあり定期的に飲んでいましたが、主治医は、はじめて僕に安定剤を処方しました。その後も基本的に、精神科領域の薬は使っていません。それを飲んでから数日で、興奮した状態、考え過ぎ、思い込みが収まり、だいぶ落ち着きました。その後も、これから学校でどう生活していけばよいか、いじめっ子対策などを考え、それらを納得できるのに数カ月はかかりました。

僕を追い込んだのは小学校時代に僕を嫌っていた同級生ではなく上級生の人達でした。上級生達は、入学してからすぐに僕を脅してきました。その理由は不明ですが、母の推測は「身長が高くてハーフだから、目立っていたかもしれない」でした。僕は「普通の日本人と違いないけど、日々いじめるっていったいどういう意味だよ？」と思いましたが、学校にはどんなに苦しくても行きましたし、入った仕事は全力でやったつもりです。

中学校時代、僕は他の生徒に対して何も悪い事はしていないとずっと思っていました。同級生に反感を買うようなことをしたつもりもありません。でも小学時代に僕のことを嫌っていた生徒が多数進学した学校だったので、予想はしていましたが、中学3年間の居心地は最低でした。同級生たちに相手にされない、または軽蔑の目で見られる生活を送ってきました。相手にされないことは構いませんでした。なぜなら小学校時代に仲がよかった子達も進学していたので、なかには心を許せる友達がいたからです。その人達と一緒にいることで、精神崩壊にはならずにすみました。なぜ軽蔑されていたのかについては、未だに謎ですが、なんとなく予想はつきます。

その理由のひとつは「ずっとひとり言を英語で言っていた」ことだと思います。ずっとブツブツ独り言を言っている人が横にいたら、うっとうしいし気持ち悪いんだと思います。それに独り言が英語なので何を言っているのかわからないのも嫌だったんでしょう。中学校入学時はNYから戻ってまだ3年ぐらいで、僕の第一言語は英語でした。家での会話もずっと英語でしたし、当時観ていたカートゥーン ネットワークの番組も英語にして見ていたので、家ではずっと英語が普通でした。

しかし、独り言は違法ではないですし、ただ無視してればいいのにと僕は思っていました。横でブツブツ言われるのが気持ち悪い、不快だと感じる人がいると指摘されても、そういう発想があるんだと頭では理解できても、独り言をいう自由もないのかと逆に僕自身の権利を侵害されている気分にもなります。社会性を正しく身に付けるのは、非常に難しいと今でも感じます。

それから、僕は昔から空気を読むことができませんでした。みんなはこうしたいんだろうとか、こういう場合は人に合わせておいた方がいいのだろうという発想ができません。その場の流れと話題を注意せずに違う事をいうのは、周りの人達はいい思いはしないかもしれません。

発達障害児支援の法律（発達障害者支援法）が制定されたこともあり、中学校はさっそくスクール・カウンセラーを配置し、わざわざ配置したからなのか、僕にも母にもやたらとスクール・カウンセラーとのミーティングをすすめてきました。しかし僕はスクール・カウンセラーには興味がなく、だったら主治医に相談した方がいいと思っていました。ですが、主治医から「学校がそこまですすめるなら1回2回顔を出しておけば、とりあえずは満足してくれるだろうから行っておいで」と言われて、しかたなくスクール・カウンセラーとミーティングをしました。

しかし、学校内でのコミュニケーションのトラブルに対応してくれるわけでもなく、不登校直前の保健室常駐者の居場所確保にはなるだろうけど、それ以上にはならないだろうなという立ち位置でした。僕自身が信頼関係を築いていきたいとも思わなかったし、信頼関係をこの人と築きたいと思わせるようなコミュニケーションの取り方は、精神科医や病院にすすめられる臨床心理士の方が上手なのではないかと僕は感じました。

そのように、学校には信頼できる大人をひとりも見つけられないまま、毎日学校に通っていました。それができた最大の理由は、信頼できる友達がいたからだと思います。

ネットとゲームにはまり動画を作る毎日

家には生まれてすぐの頃からパソコンとインターネット環境がありました。ＮＹの小学校のころは、宿題をやる時にインターネットを活用することもありましたが、自分で主体的にインターネットを活用して他者と交流するようになったのは中学校時代からです。

ゲームにハマっていたので、ゲーム動画をYouTubeで観るようになり、自分のアカウントも作って、ゲーム動画を自分でも作り始めました。家にあったパソコンや録画機材、編集ソフトなどを母に使い方を教えてもらって、簡単な方法で量産していただけなので、環境を整えるのも動画編集を覚えるのも難しいことはありませんでした。自分でできる範囲のことを、手軽にやっていただけでしたが、自分から発信するようになり、世界中に友達が増えていきました。

当時はまだ中高生が使えるＳＮＳが発達していない時代でしたが、アメリカの中高生はYouTubeのコメント欄やメッセージ機能を使って、ＳＮＳのような他者との交流の場にしていたのです。僕は英語も日本語もできたので、日本人のユーザーと、アメリカ人や南米やヨーロッパなど英語でコミュニケーションしている人達との橋渡し役にもなり、たくさんのゲーマーと交流していました。

時差があるので、いつアクセスしても誰かが起きていてアクセスしている。だから、インターネットとゲームにのめり込んでいきました。インターネットで知らない人達と交流したり、ゲーム動画ばかり作っていることに関して、母は文句は言いませんでした。ネットでどんなサイトにアクセスしているか履歴は絶対に消さない、いつ見られても文句は言わない、YouTubeのアカウントも母に教えてコメント欄は随時チェックされていました。

YouTubeでいい友達が増える反面、荒らしが来ても母は直接的に助けてはくれず、経過を見守りつつ「荒らしに煽られて腹が立っても、あまりひどいことは書いちゃいけない」と、注意されましたが、何かしてくれる訳ではありませんでした。荒らされた時は、仲良くしていたアメリカ人の大学生やスウェーデン人の高校生が愚痴を聞いてくれたりしました。「荒らしに来るヤツらにも『お前の動画はつまんない』という権利はあるんだよ。それが表現の自由だからね。だけど、自分で面白いと自信を持って作ったものなら、つまんないなんて言われても聞く必要はない。だって動画を作るのも表現の自由なんだから」と言われて気持ちが楽になりました。

母に話したら「学校の同級生とだけつき合っていたら、今この歳でそういうことを言ってくれる友達はきっとできなかったと思う。年上の友達を作るのって大事なんだよ。インターネットがそういうふうに活用できるのを私は知ってるから、インターネットにハマること自体は止めなかったんだよね」と言われました。

僕の趣味となったネットとゲーム動画に関しては文句を全く言わなかったものの、動画のクオリティに関してはしょっちゅう干渉され、「こういうエフェクトのかけ方がある」とか、「もっとアイディアを練って、前回作ったものとは違うものを作りなさい」とか言われました。今思えば、僕のクリエイティビティを伸ばす努力を母はしたかったようですが、僕はそれにはいっさい耳を貸しませんでした。ゲームをする、とにかく早く、たくさん動画を作って誰かに褒めてもらう、そればっかりに夢中で、コツコツと時間をかけていいものを制作するという視点が欠落していたのです。

それは、僕自身の今も直っていない欠点でもあるのですが、今できないことにチャレンジして時間をかけてコツコツ練習したり、試行錯誤したりというのがとても苦手です。ここまでできるようになりたいというビジョンが持てなくて、努力すればこんなことができるようになる、できるようになりたいというモチベーションが持てません。今の自分が頑張らなくてもできるものを繰り返していくことは、いくら続いても苦にならないのですが、努力した先の変化が想像できないし、そのビジョンが頭の中で組み立てられないのです。

今でもそうですが、誰かが横でこれはこうするとできるようになるとか、これができるようにならないと先に進めないとか、アドバイスしたり管理してくれたりすれば動けるのですが、自分自身で計画して、設計して管理するのはまだまだできません。それに中学時代は反抗期だった分、母がいくら映像編集を手取り足取り教えてくれるといっても、興味ある分野のことでさえ、素直に聞くことができませんでした。

受験を考える時期になっても僕は全く勉強が手につかず、母に怒られても隠れてゲームやネットをやっていました。受験勉強をしないとゲーム動画を作らせてもらえなかったりゲームをやらせてもらえなかったりしましたが、それでも勉強には身が入らず、動画を作るために仕方なく勉強をやったふりをしている状態でした。

中学生にもなったら自分の進路くらい多少は考えるはずですが、僕には先の事が考えられませんでした。なんのために勉強するかが理解できていなかったのですから、当然成績は上がりません。上がらないどころかクラスメイトはみんな真剣に受験勉強をしてできるようになっているわけですから、同じようにしていたら当然成績は落ちていきます。それでも僕は全く気にもせず、勉強よりもゲームの事で頭がいっぱいでした。

母が一週間以上、出張に行っていた時も、学校をさぼって、家で下校時間になるまでずっとパソコンでアニメ動画を見たりゲームをしたりしているほどでした。

依存症状態だったら「受験の時期はいっそゲームを捨てて、ネットも完全に禁止する」という親もいるかもしれません。たぶん学校の先生に親が相談したら、そうしろというでしょう。しかし僕の母はそういう考え方ではなかったようです。高校受験に身が入らないこと自体は大事と捉えていて、主治医の高橋先生にも随時相談していたようですが、ゲームやネットに膨大な時間を使っている依存症的な症状よりも「そこまで好きなのにどうして誰よりもクオリティの高い動画を作ってみたいと思わないのか、どうして映像作りで試行錯誤しないのか」が問題だったようです。映像クリエイターは素人でもプロでもリサーチから作業まで膨大な時間を費やすのを母は当然知っていたので、その道に進む可能性を考えたら膨大な時間を使っていること自体は問題じゃないと言います。そういう考え方をしてくれて感謝していますが、僕の母は普通の親とは違う視点でものを見る変わった人なんだと思います。

もしもあの時にゲームを捨てられたり、ネットを禁止されたりしていたら、僕が真面目に受験勉強をしたかというと、たぶんそうじゃない気がします。強制的に禁止されたら、きっと頭の切り替えができないまま、結局、受験勉強は頑張れなかったと思います。

僕の高校受験は、英国数の筆記試験が中心のものではなく、芸術系の高校の演劇科で実技試験が中心だったり、帰国子女枠の受験で、作文を書いたりでした。主要科目に関しては家庭教師を週に何度かつけてもらっていました。でもそれは中学校の勉強が定着していないと高校に進学してから困るだろうという意図で、毎日ガリガリ受験勉強をする必要はありませんでした。

思い返すと、あの時に演劇科への進学を真剣に考えて、演劇や表現、映画の勉強をやっておけばよかったと思います。それは僕の人生での失敗であり、今現在、お芝居が下手で苦労している元凶だとも思います。元々やりたかったはずの、将来進みたいと思っていた道なのに、どうして自分のやりたいことさえも頑張れずに、ネットとゲームにハマったまま頭が切り替えられなかったのか。僕の意志が弱かった、理性が足りなかったと思いますが、あの時にきちんと努力ができていたら、今こんなに出来ないことだらけで苦労していなかったかもしれません。

メンズモデルの仕事をしはじめてから、事務所のウェブサイトの僕のプロフィールをもっと充実させたい気持ちはありました。仕事の履歴欄をもっとたくさん埋めていきたいとか、もっと仕事を得るために、もっとアピールしたいという気持ちもありました。だけど特技を書こうにも、何か頑張って積み上げてきたものがないので、書けるものがありません。「英語」は書けるけど、アメリカに住んでいたのですからしゃべれてあたり前です。

母からも何か特技を身につけた方がいいと言われ、スポーツメーカーやストリートカジュアルのブランドの仕事が増えるから、スノーボードやスケートボードをやった方がいいとすすめられたことがあります。でも、滑るだけならある程度できるし、楽しいのですが、中級者や上級者がやるようなトリックは怖くてチャレンジしたくないと尻込みしてしまい、いつまで経っても飛べるようになりませんでした。「ちゃんと習いにいけばできるようになるから」と、スクールに試しに入れられても、怖くてチャレンジする気になれずやめてしまいました。

NYの小学校の頃も、ダンスの先生から身体が柔らかいからと熱心にスカウトされたのですが、やる気にならず、中学生になった時に、「部活も忙しくないんだし、ダンスを習っておいた方が、将来俳優になりたいのなら役に立つ」と、母に言われたのですが、ダンスにも興味が持てませんでした。さらに、アーチェリーも近所の初心者向けのスクールで習いましたが続かず、結局、特技といえるものが何も身に付かないまま、この年になってしまいました。モデルや俳優の仕事をしていると、いろいろな特技を持つ人がたくさんいます。みんな子どもの頃からコツコツ積み重ねて、時間と労力をつぎ込んでモノにしたんだなと思うと、僕はあんなに時間が余っていた中学校時代、何も頑張らず、今に残るようなことを何もしていなかったんだなと思うと反省するしかないと思っています。

4回告白して4回フラれた、恋愛未満経験

小学校時代から、僕も仲がいい女の子のことが気になりはじめました。僕の初恋の女の子は、アメリカにいた時の同じクラスの一つ上の先輩で、アニーのようなジンジャー髪の女の子でした。

徐々にその子に対する思いが強くなり、日本に本格的に戻る前に彼女に告白しました。つき合いたいとかでなく、普通に思いを伝えたかっただけだったので、答えは聞かずに日本に戻ってきてしまいました。でも、この時から少しずつ、自分の中では女の子のことを「異性」と意識をするようになりました。

2回目は日本の小学校6年の時にクラスメイトにも同じく告白しました。でも感覚は同じで、ただ自分の思いを伝えたかっただけでした。

3回目は中学2年の時、「付き合いたい」という気持ちが強くなり、その人のことをもっと知るために、好きだった人が入っていた部活にも入部しました。今思うと、ちゃんとやっておけばよかった「手話部」でした。バレンタインデーに僕から告白をするという逆パターンをしました。チョコを渡した時に彼女も少し照れていたので、僕の気持ちは伝わったと思ったのですが、交際の申し込みはできませんでした。でも、翌月のホワイトデーには、お返しのチョコレートをもらい、学校であった時も話したりしていたので関係は悪化せずにすみました。ただ

し、あの時、手話をちゃんとやって出来ていれば、耳が不自由な人たちとも会話ができたかもしれないし、特技にもなったかもしれないと思います。今となっては、ふられても手話は続けるべきだったと思いますが、当時はふられたのに同じ部活で顔をあわせるのは僕にとってはかなりキツイ事だったので部活をやめてしまいました。

4回目に告白したのは小学校時代から知っていた人で、たまに話したりしていたのですが、彼女を意識し始めたのは中学校3年生の頃からでした。卒業式が近づいてきた時に、別々の高校に行くので会えなくなると思い、3月の放課後に彼女を呼び出して、赤いバラを一輪渡して思いを伝えました。その時の彼女の返事は「ごめんなさい」でした。それ以降、僕は「同じ思いをしたくない」と思い、恋はしなくていいという考えにたどり着き、以降、告白をすることを放棄しました。

今まで僕は、告白をするたびに、なぜ失敗したのか全くわかりませんでした。「思いを正直に伝えてきたのに、どこがダメだったんだ?」と悩んできました。このことを僕が信頼するある人に相談したら、「類くんのことをまだ詳しく知らないから、そうなっちゃったんだよ」という衝撃的な答えが返ってきました。確かに僕はその人たち全員と、学校の外で会うことも、遊びにいくこともなかったですし、趣味や互いに関する話をしたことは一度もありませんでした。普通は互いのことをよく知ってから好きになるんだということに気がついていなかったのです。これは昔から僕が他人に対する興味が薄かったことが裏目に出てしまった結果だと思います。

14歳の時メンズノンノのモデルに。遅刻癖と向き合う

14歳になり、僕が当時憧れていた雑誌のひとつの「メンズノンノ」との出会いがありました。身長が170cmを超えたら、メンズ雑誌の仕事ができるようになると言われていたのですが、14歳になり身長が170cmを超えたあたりから、言われていた通り「メンズノンノ」や「ポパイ」等の、メンズ雑誌の仕事をさせてもらえるようになり、子どもモデルの仕事とは全く違った世界が開けてきました。

当時の僕は、ちょうど再放送していたドラマ「TRICK」シリーズにどハマりして、阿部寛さんが演じた上田次郎が大好きでした。そして、その後に阿部さんが主演した「結婚できない男」と出会い、阿部さんのことをもっと知るために、徹底的にWikipediaを熟読しました。そこで阿部さんは元々「メンズノンノ」で何度も表紙を飾ったモデルだったこと、そこから数々の映画に出演したことを知り、阿部さんとその経歴に憧れました。「メンズノンノ」に出る前からファッション誌の仕事はしていましたが、それまで僕は、仕事に「目標」を作ったことがなく、14年間生きてきた中ではじめて目標を作り、それに向かっていくモチベーションを感じたのです。

「メンズノンノ」の仕事は、僕にとって学生時代に頻繁に起こしていた「遅刻」と向き合うき

っかけになりました。事前に伝えられた時間と場所に間に合うように準備をするのですが、毎回違うスタジオ、違う場所で集合なので、知らない場所に行くことになります。当然、肝心のモデルがいないと撮影に入る事ができないので、モデルの遅刻は厳禁です。

当時、僕の現場にはマネージャーは来てくれず、完全なる自己管理です。子どもモデルの頃はオーディションも撮影も親の付き添いが必要で、撮影の際は大概、マネージャーが立ち会います。だけど、メンズ雑誌の仕事になったとたんに、親の付き添いは止めてほしい、本人ひとりで行かせてほしいと事務所から言われるようになったのです。そのため、はじめて行く場所でもわかりにくい場所でも、自分ひとりで集合時間に行かなければならなくなりました。

この時点で、僕の遅刻癖は直っていませんでした。それに、これまでは付き添いで来てくれる母が、時間や場所の検索をしてくれていました。なので、ここからは少しずつ自立心を作るように意識していました。意識はしていたのですが、やる事が多すぎて結局自分では管理ができず、結果的に遅刻することも多かったです。

持っていくものの荷造りも前日にするように母親に言われるので、自分ではちゃんと準備をしているつもりなのですが、じゃあ出かける時間だとなると、あれが足りない、あれを用意してなかったとなり、すぐには家から出られません。家を出ても2度も3度も忘れ物を取りに家に戻るので、10分15分の時間のロスが発生しました。

行き先の住所から地図上のルートを調べ、電車の乗り換えを調べ、時刻表を調べというプロセスは結局母任せでした。当時からインターネット環境は家にあったし、NAVITIME等のリアルタイム経路検索等も登録して使える環境だったのですが、自分で使いこなせるようになるのはもっとずっと先の話でした。母からは「補える部分は積極的に文明の利器を使え」と言われていましたが、それらを使いこなす以前に、もっと原始的な部分でつまずいていました。

時間の管理ができないので、検索する前に寝てしまう。学校に行く時間になってしまう。時間配分ができないので、やる気がないわけじゃないのにできないのです。本当なら時間がかかっても自分で調べた方が、途中でわからなくなった時にも検索しやすいはずなのですが、渡されたルート表を見ながら行っても、途中で間違えることが多かったです。

しかも、乗り換えを間違えて逆方向に乗っても、「降りるはずの駅になかなかたどり着かないな」と思いながら、乗ったままなんてこともザラにありました。注意力が人並みにあれば、乗り換えたあと、次の駅に停まったら方向が合っているか確認するとか、降りる駅までの所要時間を確認するとか、間違っても対処を早くできるよう「次のアクション」が頭の中に明確に出るのだと思いますが、僕の集中力、注意力ではそこに至りません。

乗り換えを間違わずになんとか最寄り駅までたどり着けても、そこから地図を見て目的地を探すのもひと苦労です。そもそもオーディションで行く広告代理店のオフィスは、巨大な自社ビルではなく、多くの会社が入る複合型のオフィスビルが多く、看板等も大きく出ていません。「きっとこういう感じの場所」と先入観を持つと、全く違って永遠に見つけられません。撮影スタジオも入り口に看板が出ている所ばかりではないですし、入り口がわかりにくくてビルを見つけても建物の周りをぐるぐると回ってしまうこともあります。住所も数字が順番に並んでいる地域ばかりではなく、探している番地だけ見つからないなんてことも多いです。

小学生の頃から携帯電話は持っていましたが、中学生以降は、携帯電話で母と連絡を取りながら住所や目印になるものを確認しました。高校生になったらiPhoneを使い始めました。当時の高校生としては比較的早い方だったと思います。「子どもに携帯電話やスマフォは必要ない。害が大きい」と批判的な教育関係者が多いですが、発達障害児には文明の利器は賢く使えば強力な武器になります。スマフォを持つことによって、行き先の住所から所要時間を割り出せるし、Googleのストリートビューであらかじめ行き先周辺を写真で見て確認もできる。GPSで居場所を母にリアルタイムで知らせることもできるから、母が僕のGPS情報を見ながら電話で「次の角を左だよ」などと道に迷った時に指示してくれることも可能です。リマインダーを入れておけば、出かける前の手順や出かける時間も忘れないで済みます。スマートフォンを使い始めて助けられた部分はたくさんありました。

このようにひとつのオーディション、ひとつの仕事をとっても、僕にはたどり着くまでのハードルがものすごく多いのです。大幅な遅刻をしてしまったこともありましたが、モデルの仕事の恐ろしい所は、「モデルは通常怒られない」という事実です。遅刻をしても「大丈夫だよ」と言われ、非常識なことやわがままを言っても怒られるのではなくなだめられるのです。俳優達が働く映画やドラマの世界や、ミュージシャンが働く音楽業界とは明らかに違って、モデルは何故か怒られないのです。

だけど、マネージャーにも現場スタッフにも遅刻して怒られないまま過ごしていると、そのまま勘違いした人間に育つかもしれないし、その場では怒られないだけで、次がない世界なのは明らかです。だから、母には「遅刻して怒られなかったから大丈夫ではなくて、このまま仕事がなくなるって意味だからね。どうするの？　モデル辞めて会社員とか公務員になるの？　だったら受験勉強しなきゃいけないんだから」と、半ば脅されるような毎日でした。でも、脅されても遅刻癖がどうにかなる訳ではありません。直るなら苦労はしないのですが、自分で努力してもなかなか直らないのです。


細かいマナーについて教えてくれる人がいないと、モデルという仕事は続けていくのが難しい仕事だと思います。教えてもらえれば、僕に限らず覚えていこう、頑張ろうという人は多いと思うのですが、教えてくれる人がいないと誰からも怒られないので悪気のないまま社会人として成長出来ないし常識も身に付かない。そうするといつか仕事がなくなるんだろうなと思います。

高校生になった頃に広告の仕事の現場で、「今日の仕事内容は情報解禁まで絶対他人にしゃべらない。今日の現場写真をTwitter、Facebook、ブログ、mixi、その他ネット掲示板等にアップしない」という同意書を書かされた事があります。僕は親から守秘義務についてかなり厳しく小さい頃から育てられてきましたが、なかには誰も教えてくれないまま現場に来る子もいます。だからわざわざ同意書として提示して教えてあげないと、ネットにあげて自分の仕事を宣伝しちゃう子もいるんだなと思います。たとえ10代でも働いていれば社会人と同様の常識を求められます。だけど10代の子どもが社会人並みの常識を備えるのはなかなか難しいのではないでしょうか。

守秘義務、クライアントさんとの関係など、普通の小・中学生は考えないような事も母から厳しく言われました。

今となっては、母が注意をし続けてくれた事がすごくよかったと実感しています。僕の弱みやダメな部分をずっと観てきてくれた母が、耳にタコができるほど指摘してくれたり、僕を脅すような言い方をしてくれたりすることで、少しずつ脳にちゃんと覚えさせて認識するようになりました。

注意してくれたりアシストしてくれる人がいることで、その人の環境は大幅に違うはずです。それは過去、現在、未来、全てに影響します。

無論、僕の母のやり方がすべて正しいとは思っていませんが、僕くらい悪い意味でいい加減だった人間には、あれぐらい繰り返し言われて、やっと自覚する形だったので僕の場合はよかったと思います。

私立・公立2校の高校受験に失敗

中学生の時からモデルの仕事を本格的に始めていたので、仕事と勉強の両立にすごく苦労していました。基本的には学校に毎日通っているのですが、仕事は突然入るので、急に明日は撮影みたいな感じで、毎日のリズムが作りにくかったです。また、行事の係を決めたり練習をしたりする日にも突然休むので、先生からやんわりと注意されたりしました。僕の行っていた学校は、この業界の人が全然いなかったので、同級生の人達もあまり理解してくれてはなかった気がします。

高校は芸能活動を続けられることを前提で選びました。親の方針として「学校に行くなら、ちゃんと授業を受けて卒業しろ」だったので、僕も最初からそのつもりでした。でも、学校探しに苦労しました。まず第一条件は、「芸能活動、アルバイトが可能なこと」でした。この頃、僕にはやっと仕事が来るようになってきていたので、仕事がダメな学校には行けず、行けるところが限定されました。

この仕事をやっている人達は、堀越高等学校か日出高等学校に行くケースが多いのですが、母は高校に行くのに「年間100万円以上のお金は使いたくない」と言っていて、僕も大賛成でした。その結果、私立と公立で受験する高校を二つ選んで準備はしたのですが、2月末になっても進学校が決まらないまま卒業式が近づいてきました。二つ受験した高校は、どちらも不合格。ちゃんと努力すれば、合格するのは難しくなかったはずでした。公立高校の方は新設校で、受験した人数も少ない代わりに不合格者もごくわずかで、僕以外に数えるほどしかいなかったはずです。私立校の方も帰国子女枠での受験だったので、本来なら日々の成績が標準値を取れていれば合格できたと思います。

帰国子女枠の高校受験については、小学校の頃から親に口を酸っぱくして言われていました。「普通の高校受験みたいに塾に通って受験勉強をする必要がなく、筆記試験がない学校が多い。それまでの成績表を提出して、後は作文だけという学校がほとんど。だからこそ、毎日の授業はきちんと受けて、ノートをちゃんととって、宿題を提出して、中間と期末テストの成績を人並みにとる努力をしていれば、受験用の特別な努力をしないでも高校に入れる。芸能活動をやっていきたいなら、塾通いは難しいから、帰国子女枠での高校受験を考えて、毎日の学校の勉強をきちんとしなさい」と、ずっと言われてきたのに、僕はあまり真剣に受け止めず、聞き流していました。先の事を現実的に考える思考回路が欠落していたからだと思います。

いっぽうで、モデルとしての仕事の撮影は増えてきて、毎日こなしていく仕事量が増えたことや、自分が努力した結果がついてきた成功体験などを通して、僕なりに将来のことを現実的に考えられるようにはなりました。しかし、先の事を見通す、2歩3歩先までを想定して動く、計画する等の能力が著しく低いので「努力をせずに行きたい高校に入れるわけがない。高校に入れなければ大学にも進学できず、自分の人生を設計していくうえで高校進学ができない事は大きなハンデになる」と、親に繰り返し言われても、何の危機感も持てませんでした。「なんとかなる」と思っていたわけではなく、全く何も考えていなかったのです。今日を暮らすことしかほとんど考えていませんでしたし、遠い先のことはせいぜい明日。週末や来週のことさえ考えずに暮らしていて、日々の生活の積み重ねが、何年か先の自分の人生とリンクしているという認識は持てませんでした。

今でも、過去の失敗からきちんと先を見据えてリンクして考えないといけないと意識はしていますが、それでも意識をし続けなければ、ある瞬間に忘れてしまいます。自分の人生を全体像として考えることは今でも苦手で、できていないかもしれません。仕事に関しては一生やっていく仕事だと思っているので、今年、来年、その次の年に何をしたいか（何ができていたらうれしいか）は、考えるようになりました。この仕事は、短距離走ではなくマラソンなので、今思うようにお芝居ができず、お芝居の仕事がなかなかなくて、同世代の若手俳優にどんどんハイペースで追い抜かされても、10年先も走り続けて、怪我がなければいいと思っています。そして、10年後の自分はどうなっていたいのかも、漠然とですが、考えられるようになりました。

しかし、自分の友達関係や家族など、プライベートな部分に関しては、漠然とも考えられません。例えば、今のまんまだったら、僕は自立ができず、ひとり暮らしをしながら仕事をするのは無理だと思います。そのままでいいとは思っていないので、いつか自立してひとり暮らしをしてみたい。だけど、仕事に支障を来さないレベルで自立して、ひとり暮らしをするのは、とてもハードルが高いです。自己管理ができないから、補ってもらって成立しているから、自分で全てできるようになる（なりたい）というビジョンはあっても、到達するための道筋を考えたり、順序立てて計画することがまず難しい。さらに、計画を遂行できるように、日々努力し、自分で引いた線（何歳までに、いつまでに）という時間を守るためにはどうすればいいのかを考えるという一連の流れが、自分ではそもそもできません。

今は仕事に関して努力するのが精一杯で、それ以外があと回しになっていますが、普通の人は、仕事も（勉強も）プライベートも並行してきちんと計画的に進めるから、例えば、地方出身の人は、当たり前のように高校を卒業したら大学進学のために上京して、ひとり暮らしをして、バイトをしながら学校にも通って、自己管理もきちんとしているんだろうなと思います。でも、今の僕の能力は、そこまで到達していないですし、ゴールを作って、どうすればそこにたどり着くのかを考えることがなかなかできません。

通信制の高校に合格。友達づくりに初めての手ごたえ

中学3年の2月に、高校受験の最後のチャンスが訪れました。入学金と授業料がかなり安くて、毎日通える学校を見つけて、願書を出して受験をしました。受験が終わった後も、ドキドキしながら結果を待ち続けました。モデルは現役だったので、卒業後進学しなくても、厳密に

は「ニート」にはなりませんでしたが、モデル業は毎日あるわけでもなく、決して安定した収入ではありません。なので、もし進学していなかったら何かしらのアルバイトもすることになっていたかもしれません。

3月に入り、合格発表がありました。結果は…合格でした。これを聞いた時は、心からホッとして、肩の荷がおりました。

この高校進学で、僕は今までやったことがないある事に挑戦しました。それは友達作りです。ここまで読んでいて、なんとなく想像できたかもしれませんが、僕はここまでの人生で、一度も意識的に友達を作ったことがありませんでした。保育園と小学校の時は自分と気が合う人達と話していて、気がついたらいつの間にか友達になっていました。当時はこれ以上友達を増やさなくてよいと思っていたので、保育園から中学卒業の10年間は自分から友達を作った事がなく、知らない人ばかりの高校ではどうすればよいか迷っていました。テレビをご覧の方はわかると思いますが、僕はしゃべりが上手くないので、どうすれば相手と会話を広げられるか、全くわかりませんでした。さらに当時の僕は、今のようにどうなるのかを深く考えていませんでしたが、もしかしたら3年間友達なしの高校時代を送る可能性もありました。

僕にとって全く知らない人ばかりの組織に1週間以上在籍するのは、これまでにないストレスとプレッシャーになっていたかもしれません。僕はずっと心の中で「どうしよう」と、迷い続けていました。

入学式を迎えて、その後の健康診断の時に、列の前の人に「すみません、今何時ですか？」と聞きました。その時、僕は携帯を持っていて時間もわかっていたうえに、壁には時計も飾ってあったので、質問としては完全に愚問でした。質問に返ってきた答えは「10時25分です」でした。そして逆に、その人から「栗原類君でしたっけ？」と質問されて、僕らの番になるまで、ずっと話をしていました。そのおかげかその人と意気投合してその人が仲良かった人達とも仲良くなれました。まさか時間を聞くというとても単純な事で、僕の高校時代一番を恐れていた友達なしの3年間にならなくてすみました。

振り返ってみると、高校生の時が学生時代を過ごしてきたなかで一番楽しかったです。その最大の理由は、初めて僕を人間として受け入れてくれた場所だったからだと思います。小学生5年から中学卒業の5年間、僕はずっと理由もなく、ただ連中に言葉の暴力をあてられるサンドバッグの役割を受けてきました。僕が心を許せる人は5人しかいませんでした。その期間の僕は、生きる意味自体も感じられなくて、生きていて楽しいと思えるようなこともほとんど覚えてなくて、惨めでくだらない人生を送っていました。でも、高校ではそのようなことは全くなかったです。僕に無関心な人はいたと思いますが、表向きに嫌う人はいませんでした。

もちろん、怖そうな（単純に僕がビビっていただけですが）人達はいたので、そういう人達を怒らせないように、少しは怯えながら学校に通っていました。でも、向こうからは危害を加えてきませんでしたし、僕のことを全否定するような人達はいなくて、僕をひとりの人間として扱ってくれました。

最大の進歩だと感じたのは、学校の先生達がちゃんと僕の話を聞いてくれたことです。さらに、高校に入ってからは、自主的に学校の行事に参加しようと思うようになりました。単位制の学校だったので、行事に参加することで、卒業に必要な単位が1ポイントもらえるということもありました。母からも「得意そうな行事は自主的に受ければ、卒業に近づいてきた時に単位不足に焦らずに済むよ」とすすめられたのですが、実際に参加してみると、すごく楽しくて、初めて日本の学校行事で自主的に参加したいと思ったことでした。

それは合宿でした。実は僕は合宿が超がつくほど嫌いでした。それは親と離れたくなかったからです（結局マザコンかい）。なので、小中学校時代の修学旅行もほとんど行かないで家にいました。その頃から仕事はしていたので、修学旅行の期間中に仕事が入ってほしいと心の中で思っていました。そして、その間に今まで受けたことがない広告の仕事やオーディションが入ったので、行かずにすむことが何度かありました。

高校での合宿は、他校の生徒たちとも交流して、ある教科について一週間勉強するものでした。僕が受けたのは英語で、ある映画を課題にして、その作品から出てくるキーワードでゲームをしたり、クイズを出し合うような、アメリカにいた頃に受けていた授業と同じぐらいの自由度を感じました。

それが好きになったので、翌年以降も受け続けました。その理由は楽しかったというだけではありません。もちろん、先生達と合宿に参加している他校の生徒達がいい人たちだったというのもありますが、はじめて僕に笑顔で接してくれたというのがあったかもしれません。少しずつですが、物事や人の感情を読み取る力が身についてきたので、ずっと忘れていた「褒められるうれしさ」を感じて、続けたいと思ったのかもしれません。

小中学校の時は、学校で褒められることはあまりありませんでした。唯一褒められた話は、母から聞いたのですが、小学校時代に僕がやった広告を他のクラスの先生が見て褒めてくれて、その時の僕はすごく喜んでいたらしいです。誰しも共通することだと思いますが、少しでも褒めてもらえることで、自分の存在が認められたと実感でき、自信がつくと思います。普通の人にとって、できてあたり前のことだけど、本人にとってすごく難しいことを成し遂げた場合は、褒めたりどこがよかったかを伝えたりすれば、本人もよかった部分を認識して、自立心が少しずつ芽生えるかもしれません。

僕はあの高校を卒業できて、本当によかったと思います。コミュニケーション能力が普通の人より欠けていたのにもかかわらず、友達の作り方を学ぶことができたのが一番大きかったです。シンプルな質問をするだけで、その人との距離を縮めることができることを最近も実感しています。人と会う以上、ずっと黙ったままでは、それをあまり好まない人たちに対して失礼かもしれません。会話を継続するのはまだあまり上手くないのですが、少なくとも数分間、人の表情を読みとったりして、よい質問と悪い質問の違いも実感するようになりました。今では初対面の人と接することに対しての緊張は少なくなりました。でも、これはいきなりできたわけではなく、やはり訓練の期間が義務教育の中にあったから成功したんだと思います。

いきなり知らない人達の所に行くよりは、知っている人達の中で少しずつ社会性を身につけることによって、自分の中に意思が徐々に芽生えていくと思います。

ネガティブタレントとしてブレイクした17歳

僕の人生で、テレビの仕事が来たということが最も予想外な出来事でした。

２０１２年の春頃、前に所属していたモデル事務所から「テレビ番組のオーディションが来ました」という連絡が来て、全てが変わりました。「オーディションを受ける番組ならちゃんと予習をしないと」と思って、番組のことを調べたのですが、当時はWikipediaのページも存在せず、検索しても全然出てこなくて、予備知識なしでオーディションを受けたのですが、全然焦りませんでした。

僕はショーのオーディションを受けたり落ちたりの繰り返しが多かったため、「これに落ちたらこの世の終わりだ」という気持ちは全くなかったのです。モデルなどの仕事をしていない高校生にとっては、「選ばれない」のは辛いものかもしれません。例えば、受験して不合格だった、部活でレギュラーになれなかったなど、「選ばれるか、選ばれないか」という場面は、本人も周囲も、大事に捉えていることが多いように思います。

子どもの頃からモデルをやっていると、オーディションを繰り返し受けるようになります。事務所に所属するにもオーディションがあり、たとえ1カ所受からなかったとしても、別の事務所でベタ褒めされることもあります。いつも親に言われていたのは「捨てる神あれば拾う神あり」です。今ここで選ばれなかったとしても、この先ずっと選ばれないわけじゃないし、今ここにいる人にとってはピンとこなくても、この先出会う誰かが才能があると認めてくればそれですむ。人生は長いんだし、この先数えきれないほどの人に出会っていくんだから、今選ばれなくても問題ないと。なので、選ばれないことでメンタルが傷つくこともないし、選ばれた時に無駄に浮き足立つこともなく、自分を特別視したり勘違いしたりすることもない。恐らくそれが理由で、自分が褒められても、真に受けない心を持つようになったと思います。さらに、落ち続ける経験の中で、選ばれる場面もあって、成功体験もちゃんとある。だから、自分の将来を不安に思ったり、悲観したりすることもなく、「これに落ちてもまあ別のを受ければいいし」としか、思っていませんでした。

オーディション当日は何をするかも伝えられていなくて、混乱状態でオーディションを受けたのですが、その内容は「面接」でした。番組のディレクターさんと約一時間の面接で、いろいろ話したのですが、結構くだらない話ばっかりでした。一番覚えているのは、当時世界中にはやっていた小説「トワイライト」のエドワードという吸血鬼が、世界中の女性を虜にしていたことが全くわからなくて、恋愛関係の事を聞かれたことです。それで、僕の今までの交際歴ゼロの話と、「エドワードのように、ただ見た目がよくて、中身が焼き芋のように薄い男の人気が出るのなら、なんで僕にも同じようなことが起きないのかわからない」と、原作ファンが聞いたらボコボコにされるようなことを話しました。オーディションを受けに来ているのに、「受かりたい」という気持ちは全くありませんでした。仕事がほしいという気持ちはありましたが、テレビやバラエティに出たいと思っていなかったので、また今度のチャンスを狙えばいいかという気持ちでした。

そして数日後に受かったという話が来ました。僕が人生でびっくりしたことのtop1だったと思います。それが、僕が芸能界に入るきっかけとなり、今（2016年）でもフジテレビで放送している番組「アウト×デラックス」です。

この番組へ出演した時の周りからの反響は想像以上でした。学生時代の友達からも「見たよ」と連絡が来たのは意外でした。本来なら「これに出るよ」と友達に教えたりすると思いますが、僕は小中学校時代に雑誌や広告などに出た時、周りからは否定されまくったので、この時はアピール精神がなく、誰にも言わない状態で、収録から放送までのんびりと時間が過ぎるのを待っていました。

しかし、反響があっても、テレビの仕事をもっとやりたいとは思っていませんでした。どちらかというと「別にもう出なくてもいいや」という気持ちでした。母からは「30歳くらいまでに俳優として食べていけるようになってくれたらいい」と言われていたし、普通に大学を受験するつもりでした。大学に進学してモデルを続けて、その間に劇団を探してお芝居の勉強をしようと思っていたので、バラエティ番組に出られたからこのままTVに出続けるぞという発想がなかったのです。

放送数日後に、今はもうなくなってしまいましたが、当時放送していた「芸能★BANG＋」という日本テレビの深夜番組からの出演のオファーが来ました。それも一応「オファーが来たから仕事をする」という感じで出演したのですが、Twitterでの自分のサーチ結果が笑えないくらい多かったです。当時の「アウト×デラックス」は、今のようにレギュラー番組ではなくて単発スペシャルだったので、今までの放送を見たことがあったり、司会の矢部浩之さんとマツコ・デラックスさん等のファンだったりしないと、見ようと思わなかったのかもしれません。でも、「芸能★BANG＋」の方は、毎週放送していたので、見た人が多かったのでしょう。

それ以降も、テレビ番組への出演や雑誌の取材等が各地から来たり、スーパーに買い物をしに行くだけで、いろんな方々から「テレビ見ました」や「握手してください」といわれるなど反響があり驚きました。しかしその時の僕の感想は「嬉しかった」というより「不思議」ということでした。

テレビに出ていたとはいえ、「いろんな芸能人」と会うようになったのが、なんだかシュールな感じでした。ピースの又吉直樹さん、鳥居みゆきさん、Perfumeさんなど、僕がもともとすごく好きだった人達と会うこと以上に、一緒に仕事ができるというのが、当時17年間生きてきた人生のなかで、全く想像していないことでした。

テレビの仕事が増えはじめて約3週間目に入って気がついたら、「ネガティブすぎるイケメンモデル」というキャッチフレーズが、僕の紹介に必ずつけられるようになりました。僕はそれをずっと不思議に思い続けていました。

まず第一に、僕自身はイケメンではないと心から思っていて、世の中には僕よりイケてる男の人がすごく多いので、テレビでこのやり取りをすると、僕は芸やネタではなく本当に「ありがとうございます。でも僕なんか〜」というのを、本当に思いながら口にしていました。普通に若い人が、何かしらの褒め言葉を受け取ったら、謙虚に受け止めるしかできないはずです。もし、それを真に受けたりしたら「調子にのっている」と、思われてしまうでしょう。なので、そう思われないためには、その言葉をありのままに受け止めて「いえいえ」など、ふんわりと否定するのが、一番論理的で平和だと、ずっと思っていました。モデル時代は、自分の顔をあまり褒められたことがなかったこともあり、「そんなことはありません」と、低姿勢に受け止めていました。

第二に、なぜこのキャッチフレーズがついたのかをずっと不思議に思っていました。僕は自分のことを一度も「ネガティブ」だと言ったことはありませんでした。だから、2ちゃんねる等で「ネガティブだったら、モデルの仕事なんかしていない」などと書かれていたのを見て、テレビやイベントに出るたびに「僕は自分のことを一度もネガティブだといったことはありません」と言ってきました。しかし、それが不都合な真実であるためか、毎回カットされて、まるで僕が言っていないように処理されてきました。

それに対して僕は少々イライラしていました。イベントの記事や番組の紹介で「ネガティブすぎる〜」と流れるたびに、家でテレビやパソコンに向かって「自分がネガティブだと一度も言っていないのに、なぜそこをはっきりさせない！」と、叫んだりしていました。

その後もネットで「こいつはビジネスネガティブ」などの書き込みを観ましたが、その人達に言ってもキリがないので、僕はそのキャッチフレーズを受け止めていました。

昔に比べてこの言葉はあまり聞かなくなったので、今は全然大丈夫なのですが、なるべく聞きたくないです。ただ単純にカタカナで発音される時、英語とは全く発音が違うので僕はこの言葉が嫌いでした。でも、オファーがあるのは常にありがたいと思っていたので、来る仕事はなるべく受けていました。

19歳の時、初めてパリコレのショーに立つ

テレビの仕事が増えていくなかで、自分は確信していました。「テレビの人たちは今年、適当に持ち上げて、来年にはまるでなかったかのようにするだろう」ということです。なので、テレビの仕事が増えた1週間後から「自分はこのままメディアの使い捨てにはならないぞ」と思い始めました。僕は元々タレントを目指していたわけではなかったのですが、ネットで僕が「消えた」などと言われると、少し「出すぎた」のかもと思いました。しかし、これだけでは終わりたくないという気持ちもありました。

そして、2013年の3月に、僕ははじめてパリコレクションを観覧しにパリに行き、はじめてヨウジヤマモトのショーを観ました。当時の僕は、ヨウジヤマモトのことをほとんど知りませんでした。名前は聞いたことがあっても、それまでの歴史は全く知りませんでした。しかし、このショーが大きく僕に影響を与えて、パリコレクションを目指すきっかけになりました。

元々僕はショーに出る立場だったので、ヨウジのショーが僕が初めて生で観たファッションショーでした。僕の目標の一つであったパリコレクションを生で観て、改めてそのスケールの大きさを実感し「この舞台に立ちたい」と思うようになったのです。もちろん、出てくる服やモデルの人たちの体格や、歩き方や姿勢を観て、すごく参考になりました。

ショーを観たあとには山本耀司さんご本人にお会いして、ショーの感想を話して、「僕もショーのオーディションを受けたいです」と話して、それ以降会うたびに言い続けました。そして、2014年の5月に再びご本人とお話しした時に、耀司さんから「6月にショーをやるから、その時にパリに来て」と言われて、初めてオーディションのチャンスを手に入れました。

これには当然リスクがあります。日本を2週間離れるので、その期間の仕事を全て断らなくてはいけません。2週間海外に行くという時点で、その時期の連ドラは確実に出られない。それこそ人生のターニングポイントとなるかもしれない作品にも、入れないかもしれない。オーディションなので行ってみないと結果もわからない。もし、オーディションに落ちたら、仕事ゼロ状態で帰国する覚悟も必要なのです。

しかし、2014年の6月、オーディション会場に行って、何とかオーディションを通り、はじめてパリコレクションに出られた時の感動と緊張は、今も忘れません。日本でのショーの時は会場の音楽や暗さがあるから、ウォーキングをしている時に写真を撮っているカメラマンさん達のことがよく見えず緊張しなかったのですが、パリコレクションの時はカメラマンさんが目に留まって、写真を撮る時のシャッター音が聞こえてびっくりしました。でも自分が着た服の写真を見たり、自分が着た服の売り上げを聞いたりするとうれしかったです。

役者の楽しさに目覚める

僕はバラエティタレントになりたいと思ってはいなくて、役者になりたいと思っていました。でもどうすれば映画に出られるのかを深く考えていなかったので、結局そこで止まっていました。なので、ちょうどテレビ番組に出はじめた頃に、NHKのBSプレミアムで戸次重幸さん主演の単発ドラマで、僕にオファーがあった時はびっくりしました。僕は精一杯頑張ろうと思いました。でも、当時の僕はど素人なので、演技は超がつくほどど下手です。演技経験は高校時代に部活で一本やった程度なので、抑揚も上手くわかりませんでした。経験を積んだ2016年の現在でも、まだ決して「上手い」とはいえません。それは現場でやっていて自分も感じていました。それ以降もドラマや映画のオファーがあった時には僕なりにベストを尽くしやっています。役者の仕事には、バラエティやモデルだとできないような表現があって、自分が出た作品をフルで見て、周りの役者さんの演技やカメラワークなどを観て、お芝居の「楽しさ」を感じています。役者はこれからもやり続けたいと思っています。

今の事務所に移籍してからは、積極的に舞台に出ることに集中しはじめ、今までにやったことがない映像以外での表現や難しさを、身をもって感じて、本格的にお芝居が好きになってきました。一番よかったと思っているのは、僕がやった事に反応してくれるお客さん達の笑い声でした。今では舞台で聞くみなさんの笑い声も気持ちがいいです。僕がバラエティに出た時のスタッフさん、お客さんの笑い声が、僕の一番の喜びです。「笑っていいとも」の『ものまね紅白歌合戦』や、2015年に出た『空飛ぶ！　爆チュー問題』や、2016年に出たNHKの「松尾スズキアワー『恋はアナタのおそば』」のような「ライブ」的な場所で、僕がやることに対して、すぐ笑ってくださるお客さんの達の声が聞けるのが、僕はうれしいです。

今思うと、サンドラが言っていたあの言葉は、本当に正しいと思えました。小さい頃から映像が好きだったため、自分が目指したいことが映画だということがようやく決まりました。映画、アニメやアメリカのコント番組を観ていて映像制作が好きだったので、テレビドラマや映画に出てどのように撮影が行われているのかを見ることで、僕はいつか中島哲也監督などのように、自分で脚本、監督、編集をしたいと思っています。

ここまで書いても、まだ「この仕事についているから言えるんでしょ」と、思われるかもしれませんが、全くそうではありません。

ぶっちゃけましょう。僕はこの仕事でないと生活できていないと思います。

まず第一に、僕は集団的な行動は苦手だし、日々の生活を管理する能力も著しく低いです。会社員だったら与えられた業務を期待された通りにこなしていくということができず、周囲に迷惑をかけて疎まれていただろうと思います。僕が会社の組織に入ってその中でうまく人間関係を構築して、与えられた仕事をこなしていくのは全く想像できないし、それができる能力を備えているとも思えません。僕は束縛されたり、無駄に規制されることが嫌いなので、会社員のように細かいルールのある中で仕事をするのは、誰よりも苦痛かもしれません。さらにいうと、集中力も低いので、毎日同じようなことをやり続けると、モチベーションが保てず、飽きてしまう可能性が高いです。

この業界は味わう刺激が毎回異なります。バラエティ番組の収録、映画やドラマの撮影、雑誌の撮影など、それぞれの現場の雰囲気や作る物は全く違うので、楽しみも異なります。恐らく会社員などどこかの組織に属すようになったら、「会議をする→デスクワークをする→怒られる→会議をする→帰る」を毎日繰り返すことになって、長続きがしないのではないかと思います。

演じるという、自分ではない何者かになって、さまざまなことをやるのは、純粋に楽しいです。僕がこうやって真面目に、決して手を抜く事をせずに、この仕事になんとか就くことができたのは、運が良かったからということもありますが、純粋に好きなことだったから長続きができたのだと思います。

人間、誰しもどうせするなら自分がやっていて楽しいと思える職に就きたいという本音が有るはずです。僕は人に笑ってもらって、それを仕事にしていきたいとずっと思ってきたので、僕への笑いが大爆笑であろうが苦笑いであろうが、『笑ってもらえる』ことが僕にとっての喜びなのです。

子ども時代には「笑いが足りない」と指摘された僕が、大人になってこう言うようになろうとは全く思わなかったのですが、「笑い」が持つ力強さは素晴らしく、人生には必要だと思います。自分の気分をよくするだけではなく、人生で一番暗い時に、自分の支えにもなってくれる味方です。そんな「笑い」を届けられるような仕事ができたらいいなと思っています。

コラム
「あの時、実はこうだった」
母・栗原泉さんの解説

なぜ海外で子育てをしたのか

類を出産する前、私はニューヨークに4年、ロンドンに1年暮らしていました。当時、感じたのは、アメリカもイギリスも小さい子どもに寛容な社会なんだなということです。例えば電車のなかで子どもが泣き出したら、周りの人があやしてくれたり、他の人が抱っこを代わってくれたりします。もし階段の下にベビーカーの親子がたどり着いたら、さっと人が寄ってきて、ベビーカーを運ぶのを手伝ってくれます。

日本では、今でこそ、ベビーカーを畳まないで電車やバスに乗れるようになりましたが、類が生まれたころは、ベビーカーは畳んで赤ちゃんを抱っこして電車に乗ることが常識だったし、公共の乗り物や場所で、赤ちゃんがグズると周囲に舌打ちされるなど、赤ちゃん連れでお出かけすると、肩身の狭い思いをすることが多々ありました。

また、日本の受験制度の厳しさにも疑問を感じていたので、類にはいずれ「帰国子女枠」で受験ができるようにしてあげたいと考えていました。「帰国子女枠」受験のためには、「親の仕事の都合で海外に生活し、日本人学校ではなく、現地の学校に3年以上通学したこと」

などの条件があります。幸い、私の仕事は音楽関係の翻訳業だったので、海外で仕事をすることもできます。そこで、類が生まれて日本で暮らし始めてまもない頃から、いずれ海外で子育てすることを視野に入れて準備をはじめました。

私の仕事上、海外での仕事が成立するのは、ロサンゼルス、ニューヨーク、ロンドン、そしてパリです。ただ、パリにはあまり仕事がないので、残りの3箇所を選択肢として、就学前から類を連れて何度か現地を訪れました。時にはアパートを借りて長期滞在し、現地の保育園に体験入園して過ごすこともしました。そんな中で、類が「ニューヨークがいい」と言い出し、私もちょうどニューヨークでの仕事が見つかり、渡米することになりました。

ただ、私と類の国籍は日本にあり、海外で暮らすにはビザが必要になります。学生の頃はいいですが、類がいざ働くとなった時に、そのままアメリカで仕事をすることができるかはわかりません。いずれ、日本に戻ってきて働くことになるかもしれない。そういうケースを想定すると、日本の言語や文化、生活習慣なども身につけておいた方がいいだろうとも思いました。そして、その時期は類が中学生の頃がいいだろうと考えました。高校生や大学生になってしまうと、考え方が欧米化されてしまうだろう。小学生の頃は日本でもまだ自由でいられる。中学生くらいが、校則などもあり、日本独特の理不尽さを抱えた文化を体感でき、かつ、それに慣れることができるかもしれない時期だと思ったのです。

なので、帰国子女枠の受験資格を取得するために、3年以上は海外で暮らすつもりでしたが、類が中学に入る頃には、いったん日本に戻ると決めて、ニューヨークへ渡ったのでした。

発達障害と認定されるまで

小学校1年生でNY市の公立小学校に入学した時は、米国が9月新学期で日本とスタートの時期が違うせいもあり日本では学齢前の年長児9月という時期でした。

保育園から小学校に入ると公立小学校では外国人生徒全員を英語学習の補習クラスに入れます。補習クラスは習熟度別で、入ってから個別でレベルチェックをし、補習クラスの担任マイラが語学力が充分なレベルに到達したと判断すると補習クラス卒業になります。

入学してすぐにレベルチェックをしてもらった時、類はいちばん下のレベルでした。当時の類は私の前では絶対に英語をしゃべらなかったので、どの程度英語を習得していたのか私は全く知らなかったのですが、いちばん下のレベルというのは少し驚きました。私自身は子どもだったら半年もすればペラペラ苦もなくしゃべるんだろうくらいに思っていたからです。ただ、補習クラスの担任も言ってましたが、親が既に英語を流暢に喋っている家庭は子どもが親の前で英語をしゃべりたがらないし、英語を覚えていくプロセスも見せたがらない。親に細かい文法や発音を直されるのを嫌がる。だから家庭内で英語でしゃべりたがらないし、学校で覚えた英語を親の前で使いたがらないと言われたのですが、その通り、類は私が保育園や学校に迎えに行き、私の顔が見えるとピタッとしゃべるのを止めてしまうし、私には英語で話しかけることがありませんでした。

でも保育士と私が話している内容はある程度理解しているように見えたのですが、教師が客観的に査定するとかなり未熟なレベルだったようです。日本の保育園でも何を習得するのも遅く、なにかと言うと「ルイくんだけ◯◯ができません」とプレッシャーをかけられることも多かったので、何かを学んでいくのに時間がかかるタイプなんだとは思っていましたが、「英語もかぁ」と少々落胆したのは事実です。

これから英語で全ての教科を勉強していくわけですから、入学時までに語学力をある程度身につけておこうという私の目論見が企画倒れに終わってしまったわけで、各教科の学習にも相当な不安が出てきました。私の当初の計画としては英語で各教科を学校で勉強し、宿題はあまり出さない方針の学校だったので家庭では漢字などの日本語の勉強をさせるつもりだったのですが、主幹となる英語での学習がスムーズに行ってない状況では家庭で日本語の勉強どころではありません。家ではむしろ英語の補習をしたい。補習といっても椅子に座らせてドリルをやらせるようなことをしても意味がない。もっぱら本人が興味を持つアニメなどを英語で一緒に観ながら「今の話わかった？　どんな話だった？」と聞いたり（わからないと言ったり答えなかったりがほとんど）、私が観るニュースその他の番組も全て英語字幕を表示して、家にいる間はなるべくＴＶをつけておいて一緒に観るようにするという形です。この時点で米国滞在中は日本語学習を一切忘れることにしました。

入学後半年くらいで補習クラスを終了する子どもが出てくるのですが、類はなかなか語学力も上がらず、授業中は熱心に取り組むわけではないけど授業の邪魔をするようなこともなく、成績は良くないけれども学校を嫌がる事もなく通っていました。

1年生の時の担任はサンドラ。ＮＹの公立小学校教師は若い世代のなり手がなく高齢の女性教師ばかりに偏っていると問題視される環境の中では比較的若い先生で、40代くらいだったと思います。はっきり物を言うタイプで怒る時は怒鳴ったりもするし保護者に指図もダメ出しもするので保護者からは嫌われ、子どもからは好かれていた個性的な先生でした。私個人としては相性も良く、いい先生だと思ったのですが、米国では子どもを叱る時に怒鳴ったり、保護者に対して高圧的な態度を取ると保護者から非常に嫌われます。

小学校では通常、保護者が自発的に担任へのクリスマスプレゼントを贈るのを企画し、クラスでお金を出し合い贈るのですが、嫌われている担任だとクリスマスプレゼントを贈ろうと誰も言い出さないし費用も出しません。ある意味それが意思表示のようにもなっていますが、サンドラにはクリスマスプレゼントを贈ろうと誰も言わずに無しになりました。それくらい嫌われてましたが、生徒達はみんななつき信頼していましたし類もそうでした。実際サンドラは子ども達をよく観察しているし、的外れな要求はしてきません。それでも他の保護者には不人気でした。

サンドラから日々細かい指摘は受けていたものの、1年生の後半になった頃に「発達障害の可能性があると私は思うからテストを受けさせたい」と相談されました。とりあえず語学力がなかなか上がらないのも含めて物事の習得が何に関してもとても遅い。２年生に進級させられるかどうかも危ぶまれる状態だから「発達障害なのであれば対応した方がいいし、違うのであればそれはそれで違う対応を考えなきゃいけない。今のうちに今後の対応を考えたい。正直言ってこのまま進級させられる状況ではないので留年させたい。だけど来年も私が責任を持って担任になるので私を信頼して長期的な目で見て欲しい」と言われ、テストを受ける事にしました。

テストではＩＱテストや教育委員会から行動観察のために学校へ人が派遣されてきたり、担任や英語補習の教師など日常的に関わっている教師からの査定表の提出がされます。耳鼻科、眼科などの専門医から視力・聴力などの理由で生活に支障が出てるわけではないという検査結果の証明書等も提出され、様々な角度からの観察と査定結果を経て教育委員会で審査会を行います。審査会に参加するのは親の私と担任、教育委員会の担当者、精神科医、児童心理学者、第三者的視点で意見を出す他校の教諭、他校の保護者がボランティアで1名という顔ぶれだったと思います。そこでテストやその他の提出した資料を基に話し合うのですが、その時の私の言動も観察対象となります。

開始早々で精神科医と児童心理学者から、私自身が典型的なＡＤＨＤであるとの意見が出て、その時は満場一致で「明らかに典型的なＡＤＨＤだ」とのご意見をいただきました。そこからスタートして提出した資料の内容や遺伝的性質なども勘案して類はＡＤＤと認定されるに至りました。認定されるとＮＹ市に住み続けて公立校に通う限りＮＹ市教育委員会には継続的に支援する義務が発生します。もちろん公費（税金）を使って高校を卒業するまでずっとですから、認定そのものには慎重です。だからそれだけたくさんの資料を提出し、様々な人が審査に関わって認定するかしないか協議するのです。

認定までの間に日本でも精神科医、児童心理学者、小児科医等と関わって、長期的に相談出来る主治医を探しておこうと考えるようになりました。特に当時の日本では支援法が施行される前後で発達障害の知識を教育現場で持っている人も少なかったように感じたのと、日本の教育現場では親からの希望だと通りにくい事が「医師（専門家）がこう言っているので」と言うと通りやすいとなんとなく実感していたのもあったのが理由です。

数少ない発達障害の専門医に一度診察を受けに行ったりもしたのですが、ちょうどその頃私自身が睡眠障害に悩まされて通院できる精神科を探していた事もあり、私が通い始めた病院にも類を連れて行ってみました。それがもう10年以上お世話になっている高橋先生です。英語と日本語どちらもできる事と、発達障害の専門ではないものの相談してみると発達障害に関して非常に精通していらっしゃる事。さらに偶然、類が日本に帰国した際に短期間通っていた公立小学校の校医もしておられたので学校内の環境や教師、生徒に関しても熟知していらっしゃる。診察を受けさせたところ、類との相性も良かったので、日本に一時帰国する度に何度か顔を見せる感じで通い始め、帰国してからは週に一度程度のペースで通院するようになりました。

本人にどう伝えたか

ＡＤＤと認定された際「本人にはすぐに伝える必要はない。伝えて本人が理解出来るような場面になったら説明する形にした方がいい」というアドバイスを受けました。小学校低学年の時点で親としてもまだ知識も足りていない中で充分な説明が出来るとも思えません。すぐに伝えたとして正しく理解するとも思えません。しかも記憶力と集中力に問題がある子どもですから、言われた事を後々ちゃんと覚えているとも限りません。しかし本人的にショックを受けたら、その部分だけは記憶に残ってしまう可能性もあるのですから、本人に説明するタイミングはかなり気を使いました。本人が理解した後に自分を否定的に見るようでは伝え方として失敗です。いつ、どう伝えていくかを考える中でむしろ中学高校に進んだ後、大人になる頃でも別にいいんじゃないかと思っていました。もし支援プログラムの取り出し授業を「なんで他の子は受けてないのに僕は受けなきゃいけないのか」と聞かれたら「大勢の人数のクラスで授業を受けていると頭に入りにくいから、個別で受けた方がいいと判断されたから」と、ひとつひとつの事案に対してきちんと答えていけばいい。隠す必要はないし、聞かれた事には全て嘘をつかずごまかさずに答えればいい。だけど発達障害児と認定されたという事実を伝えるところから始める必要はないし、小学生の子どもにそれを伝えたからといって本人の中で学校生活を頑張るモチベーションになるわけでもないし、本人の中でアイデンティティが変化するわけでもない。言っても言わなくても別に変わらないしなーというのが正直な感覚だったのです。

しかし本人に伝える場面は意外に早くやってきました。映画「ファインディング・ニモ」が公開され、親子で映画館に観に行った時、その前からピクサーの映画が大好きだった類は「ファインディング・ニモ」も夢中になって観ていました。普段学校の勉強では全くと言っていいほど身につかず、学校で勉強してきた事を覚えて帰ってこない子で、家で復習しても定着しない。短期記憶にそもそも問題があり、短期記憶の時点で覚えられず長期記憶に転送されるものが少ないから、日々入ってくる情報がザルを通して流れていく水のような状態だったのですが、ピクサーの映画に関しては1度観るとほとんどのセリフを覚えて全ての場面を絵的に記憶し、映画館に2度目3度目と足を運ぶと2回目からは「次のシーン面白いよ」「次のシーンで◯◯が△△って言うんだよ」と、映像にほぼピッタリと合ったタイミングで私に解説をするのです。

発するセリフのタイミングまでピッタリで驚くほどの記憶力を発揮します。だから「ファインディング・ニモ」を初めて観た時に、言われた事をなんでもすぐ忘れてしまうドリーの行動を見て笑ってる類の表情を見て、この映画を観終わった後なら言ってもいいかもしれないと思ったのです。実際、「ファインディング・ニモ」に出てくるドリーの言動は当時の類と重なる部分が多く、毎日頭を悩ませている私としてはあまり笑えるものではありませんでした。だけど映画館は笑いに包まれ、類も楽しそうに笑っていました。映画が終わった後、類が「ドリーって面白いね。なんでもすぐに忘れちゃうんだね」と、開口一番、映画の感想がドリーについてだったのは少し意外だったのですが「ドリーを見て面白いと思った？　でも類も同じなんだよ」と家に帰る道すがら話して聞かせました。その時本人は指摘されても、全く自分の今までの行動に気付いていなかったというのも今となっては笑い話にも出来ますが、短期記憶に問題があると良い事も悪い事も関係なくどんどん忘れていくので、自分が失敗して悲しかった事や嫌な思いをした事まで綺麗さっぱり忘れて、日々ゼロからのスタートをしているようなのです。

だからその場で反省しても反省した事まで綺麗にツルッと忘れてしまう。同じ失敗を何度も何度も繰り返すし、そもそも同じ失敗だとも気が付かないし、「また同じ失敗をしてるよ」と言っても右から左なのです。なにしろ本人にとっては過去に同じ失敗をしたという記憶がなく、今日の失敗は初めての失敗のつもりですから。

映画の中のドリーの言動と重ね合わせるように「今までこの時にこういう事があって」とひとつひとつ説明し、そうした行動から「サンドラから発達障害の疑いがあるからテストを受けた方がと勧められ、それでテストを受けたんだよ」と説明したら、案の定テストを受けた事さえ忘れていて思い出せませんでした。それでＡＤＤと認定されて取り出し授業をしている事、学校も私も君の抱えている問題を解決するべく努力をしているから類自身にもこれからは意識して頑張って欲しいというのも伝えました。

もちろん伝えはしましたが、寝て起きたら忘れているんだろうなとか、来週になったら私が言った事は全く思い出さないんだろうなという前提で、とりあえず映画のシーンに絡めて説明出来る部分に限定し、伝えられる事を伝えるのがその日のミッションです。

思った通り本人は翌日にはほとんど忘れていました。しかし「ドリーと僕は同じ」というキーワードだけはなんとか本人の頭の中に残り、その後は生活上に問題が起こった時やＡＤＤの支援教育、通院などの際に「ドリーと同じ」とキーワードを出せば本人が思い出せるので説明しやすく、長い事ドリーは類にとってのキーワードとなっていました。

記憶力に問題があった分、思い出すためのキーワードが必要だった事、そしてドリーは類から見て楽しくて面白いポジティヴな存在であった事、このふたつの要素が満たされていたからそれをキーワードに説明しようと思ったのですが、そのタイミングで説明したのは今考えても正解だったと思います。認定後わりとすぐだったので担任からはちょっと早過ぎたのではと心配されましたが、本人にとってまたとないタイミングだと感じた私の直感は間違っていなかったようで、それからは担任も本人に対してＡＤＤの症状をその場その場で指摘出来るようになり、指摘された際に本人もきちんと理解出来るようになりました。

その後、担任からクラスへ、日々の生活の中で気になる点があると、類はＡＤＤなのでこういう事が起こるんだという説明が繰り返され、生徒、保護者共に周知が進んでいきます。勿論、周知が進んだからといってＡＤＤが免罪符になってなんでも大目に見てもらえるわけではありません。子ども同士のトラブルはそれまでと変わりない頻度で発生しますし、子ども同士のトラブルで相手を叩いた等の事例があれば当然「ＡＤＤなのは知っているが、だからといってこういう事は看過出来ない」と先方の保護者からはっきり言われます。

しかし米国では少しでも多くの人に周知する、知ってもらう努力をと指導されます。それは問題が起こった時に大目に見てもらうためではなく、問題のない範囲の日常で配慮してもらうためです。

小１で留年。常に留年の危機があったＮＹの小学校

アメリカの教育には飛び級があって優秀な子どもはどんどん飛び級をしていくというイメージが映画などを通して日本人の中にはありますが、実際には飛び級で早く卒業したり若い年齢で上の学校に入学したりするのは今の時代にはあまり肯定されていません。これはたぶん発達障害教育が進化していくのと同時に、学校教育では学習だけではなく、集団の中での情緒教育が大事だとわかり、社会に出た時には学力だけでなく安定した情緒も伴ってこそ、幸福な社会生活が送れるという事が明らかになってきたからだと思います。

現在ＮＹ市では私立教育は別のようですが、公教育においては飛び級を認めていません。

その代わり、小学校1年生から留年があります。留年した子が元の学年に戻る飛び級もほとんど認められる事はないそうですが、留年は結構簡単に決められてしまいます。担任から習熟度がたりてないから留年を言い渡されるケース（類はそうでした）、勉強はできるけど情緒の発達が未熟で友達とのトラブルが多いとか集団行動ができないとか教師の指示に従えないタイプの子も留年させられていましたし、身体が小さくこのまま進級すると体育の授業でどんどん不利になるからと本人が希望して留年したケースもありました。1年生の時に20人弱のクラスで留年した子が5人くらい。留年自体は珍しくもなく、恥ずかしい事でもなく、後ろ向きに捉えるものでもなく、すべてにおいてきちんと身につけて大人になるための、落ちこぼれを出さないためのシステムなのです。それで類は小学校1年生で留年し、1年生を2回やっています。


1年程度の留年なら割と気軽にできますが、類の場合は留年しても成績が上がらなかったので毎年、年度の後半になると担任から「今度も留年になったらどうするんですか？このままだと進級させられません！」と私が結構なプレッシャーを受けていました。

それはもう胃が痛くなるレベルのストレスで、日本に帰国してから何をどうしても「義務教育期間中は留年もなくその年齢になったら自動的に進級できる日本ってラクラクだわ～」と飛び上がって喜びたいほどでした。

子ども本人にはそういうプレッシャーは一切かけられませんし、子どもがいる前で担任からその話をされる事もありません。三者面談の際には絶対、その話題には触れません。子どものプライドを大切にし、褒めて伸ばす教育の形なんだと思います。その分全てのプレッシャーは親の上にのしかかってきます。しかしいくら私にプレッシャーをかけられても私が代わりに勉強するわけにもいかないし、私がおしりを叩いても勉強のモチベーションが上がるわけでもなく、興味のある題材でその場は熱心に取り組んでも、それをそのまちゃんと記憶し長期記憶に転送して定着出来るとも限らないのです。

成績そのものは4年生くらいになると下の下ではなく少しずつ上がり、中の下くらいにはなっていましたが、1年留年してる分学校が求めるのは平均以上の成績です。「1年留年しているのに平均点以下ではこのまま年齢が上がって中学生になる頃にはついていけなくなる」「もうすでに1年留年しているのに、このままだともう1年留年になりますよ。2年留年だと体格や会話の嗜好に差が出てきて子ども自身が年下の子ばっかりのクラスに馴染めなくなる危険性があります」等、いろんな角度からダメ出しを受けます。

正直言うとどうしても進級できなかったら数年間日本に帰国して日本で進級して日本の小学校の在籍証明書を持って再度米国に戻れば、教育委員会はその学年で受け入れざるを得ないので、最終手段としての進級ロンダリングという手はありました。でも、そのために帰国して数年暮らすというのは、親子にとっても負担になりますし、私も親としてやるべき事はやらなきゃいけないので、教師からのプレッシャーは甘んじて受け入れていました。が、NYでの生活は類にとってはいちばん楽しい時期だったようではあるものの、私自身にとってはかなり辛い時期でした。

主治医の処方で成績が変わった

小学校に入った頃から、東京の実家に戻ると喘息のような咳をするようになりました。生まれてから何年も暮らした家で、当時は喘息の症状はなかったものの、渡米して半年くらい経った頃から、帰国して実家にいる間だけ喘息の症状が出るようになり、数ヵ月おきに帰国を繰り返している内に、２年生の後半くらいには米国に戻っても喘息の症状が治まらず、その辺りから喘息の薬を服用するようになりました。

私自身はアレルギーがないのでアレルギーの薬の副作用はあまり深刻に考えていなかったのですが、抗アレルギー薬は副作用で眠くなるものが多いです。風邪薬も飲むと副作用で眠くなったりだるくなったりするものがありますが、あれを毎日ずっと飲み続けるのと同じ状況になるわけです。

ただでさえ集中力が弱く、頭を使うとすぐ眠くなるＡＤＤの子にとってはとても深刻な問題です。しかしだからと言って喘息の薬を止めるわけにはいかない。学校生活よりも健康を優先するのは当たり前です。喘息の薬を服用するようになってから集中力が明らかに落ちたようには見えませんでしたが、それは客観的に判断出来るものでもなく、とりあえずは抗アレルギー薬を服用して副作用がある状態を普通の状態として基準値を設定するしかありません。

そのまま半年、1年と経った時点で成績はずっと低空飛行のままでしたが、4年生になるとNY市では市内一斉到達度テストが始まります。市内の平均、校内の平均、本人の点数、順位、到達度に関する解説が書かれた結果表を学期ごとに受け取りますが、類の通っていた学校は市内平均よりも高い成績のいい子が多い学校です。そういう学校を選んで入れたので当たり前なのですが、類の成績は底辺です。

1年生から3年生までは数値で測られる事が全くなかった中、それでも到達度が低いと担任からプレッシャーを受け続けて親として焦燥感はあったものの、何でも数値で測られるのに慣れている日本人の私としては、一斉テストで数値が出てくるようになると精神的な圧迫感がグンと上がります。勉強を教えると言っても学校の宿題は親子でやりたがるものの、宿題以外の勉強は私が手を出そうとすると強硬な姿勢で嫌がるのでなかなか続かない。

なんとか出来ないかいろいろ考えた結果、高橋先生に相談してみました。その頃は喘息に関しては私が子どもの頃からかかっていた小児科医に、ADDの症状と日々の生活に関しては高橋先生にという風に主治医を分けていたのですが、喘息の薬で当時処方されていたものよりも副作用が少なそうなものを処方してもらいました。新しい処方になってから日々の生活を観察してみたところ、朝起きたり学校に行ったりという1アクションに対して動きが早くなったと感じたり、集中力が多少上がったように見えていたので、新しい処方のまましばらく続けたのですが、一斉テストでもその結果はしっかり出ました。テストの得点が倍増したのです。もちろん、それまでがビリじゃないけどかなりギリギリの数字だったわけですから倍増してもすごい点数にはなりませんが、下の下から下の上、中の下くらいまでにはなったので学校の担当ケースワーカーも驚いていました。

日米の発達障害についての考え方・支援の違い

米国の公教育は地方自治体ごとにシステムも充実度も違います。ＮＹ市は周辺地域と比較すると充実度も高いと言われていますが、発達障害児教育に関して日本と比較すると研究も進んでいるし、どんどん新しいシステムに、より良いシステムに作り変えていこうという積極的な姿勢もある分、日本の支援教育よりも充実していると言えます。

発達障害についての知識がない親を持つ子どもであっても、学校側のフォローがしっかりしている分、取りこぼす事なく支援してくれます。その分家庭に対する要求も多いので、親も一緒に変わっていかないといけません。ただひとつひとつの問題解決の場面においてコミュニケーションをとる時に、誰が悪いとか誰の責任だとか言う話にならない分、親が悪者にされる事もないし、子どもが責められる事もありません。学校側も「こちらの責任です」とは言わないし、悪者探しをする事なく問題解決に当たれるので、学校と保護者の間で共闘していける環境になるし、教師との間に不信感が生まれたり仲が悪くなったりする事も起こりにくいです。

何か問題が起こった時に、とりあえず誰かが「申し訳ありません」と言わないと収まりがつかない、日本の状況と大きく違うのはそこです。どんな問題が起こっても、誰も謝る必要はないし、誰が悪いのかなんて考える無駄な時間は必要ないのです。


類の場合は普通校の普通学級にずっと在籍し、授業中に取り出しで行動療法等の支援教育を受けていました。選択肢としては、発達障害児専門の特別支援学校もありましたし、フュージョン教育というクラスの半分を発達障害児、残りの半分を定型発達児で構成したクラス編成の教育を始めた学校も近所にあり、教師とケースワーカーはそれらの選択肢を提示する義務、特定の進学先を強制しない義務、家庭が選んだ選択肢を尊重する義務があります。

フュージョン教育には少し興味があり、ケースワーカーからも勧められたのですが、フュージョンの学校に転校してフュージョンの学級に入ってしまうと、定型発達児は後から希望すれば普通校に転校出来るけれども、発達障害児は後から希望しても普通校には戻れないとのことだったので、フュージョン教育は試さず普通校に留まることにしました。

普通校と特別支援学校、どちらを選ぶかは親子での判断を尊重されるべきであるという考え方は、親子の生活の選択肢を広げてくれます。

「親のエゴで無理に普通校に入れるなんて子どもがかわいそう」と暗に子どもの味方をす

るようなふりをして、親に負い目を負わせて支援校に追いやるような事を言う権利など、誰にもないのです。本当に子どもの味方になってあげるなら、子どもの事を考えてあげるなら、普通校の中で定型発達児と一緒に過ごして行ける環境を作ってあげた方がよいと思うのです。

社会に出たら、定型発達児と発達障害児が混在しているのが世の中です。だから普通校に通わせたいと思うのです。もちろん、別の考え方で支援校を選ぶという方もいらっしゃるでしょう。そのどちらも理解され、教師からも保護者からも心ない言葉や、プレッシャーをかけられない環境を学校がリードして形成していく。それがなによりの支援だと感じました。

日本でも、支援法施行からずいぶん経っているので、支援の内容も少しずつ充実してきているのではないかと思います。

しかし充分なシステムの構築は難しいのではないかと思います。日本での発達障害児の子育てに関しては、学校の支援を期待するよりも、長期的に信頼関係を築いていける主治医を持つのが、最大の武器となると思います。例え小学校で満足出来る環境が得られてスクールカウンセラーや教師等と、子どもとのいい関係が構築出来たとしても、中学校に進学したら、また一から人間関係を構築しないとなりません。そこで必ずしもいい関係が築けるとも限りません。

しかし学校や家庭の外に信頼出来る関係があると、環境が変化した際にも、安心して相談出来ます。なによりも第三者として客観的な視点と専門知識を持ってアドバイスしてもらえます。学校とは常にいいバランスで協調していけるとは限らないですし、闘う場面も多いです。その時に親として主張している事が、正当な主張なのか、それとも親バカのわがままなのか、友人や親族に相談しても、きっとあなたが聞きたい言葉を予測して答えてくれるだけで終わるでしょう。

しかしそれは子どもにとって何の利益にもなりません。自分の心の安らぎを求めても、何の足しにもなりません。家庭内での事、学校での事、親としていつも全力投球で努力をしたとしても、それが正しい視点なのか正しい努力なのか、自分だけで判断するのは危険です。

家族や友人は客観的な答えよりも、頑張っているあなたを労う方を選ぶでしょうし、専門的な知識もありません。相談する相手としてはとても不適切なのです。かかりつけの精神科医を持つというのは、日本ではまだ普及していない概念でありますし、発達障害の専門医はなおさら、人数も少ないです。

しかし発達障害の専門医でなくとも、精神科医で発達障害についての知識を持った医師はたくさんいますし、医療の専門家からのアドバイスは、親とは違った視点で見てもらえる分、自分に見えないものを指摘してもらえる事が多々あります。

そしてなにより、時として親と学校の板挟みになる子どもにとって、安心できる居場所にもなりうるのです。すでに高橋先生にお世話になってから10年以上が経っていますが、その間にクラスの友達との関係から、成績の事、勉強の習慣のつけ方、受験、仕事と学校の両立など、様々な面でのアドバイスを頂きました。そして、長年蓄積してきた信頼関係の中で類にとっては、家族の次に信頼出来る大人として長年の心の支えとなっています。信頼出来る主治医を見つけた事だけですでに私の子育ては万全な体制で安心して臨めたと思っています。

高校受験の失敗、通信制高校への進学

中学3年生になった頃から、メンズノンノやポパイ等メンズファッション誌でのモデルの仕事が増え、将来の進路を実感を持って考える時期になったのですが、高校受験は大きな課題となりました。

東京都内には私立、公立の高校がたくさんあり、全国でも高校が密集している地域です。選択肢はたくさんあるように見えますが、その分各学校が定めている規則には地方の高校にはないであろうものも結構あります。自転車通学禁止や、一人暮らし禁止（親族との同居が必須）などは地方の高校にはないルールのようですが、都内の高校の多くは規定しています。それと都内の私立高校の多くはアルバイト禁止、芸能活動禁止を校則で規定しています。芸能活動や校外労働を禁止している学校に進学してしまうと、モデルの仕事が続

けられません。本人は高校進学を希望していたけど、モデルの仕事を続けていく前提での進学です。

そうなると受験出来る普通科の私立校は限られます。公立校は芸能活動もアルバイトも禁止されていませんが、東京都の公立高校受験には昔から多くの問題があり、改定は継続的にされているものの、問題はなかなか解決されません。東京都には公立高校が200校ほどありますが、受験日は1日だけです。200校もあるのに1校しか受験できないのです。公立校を第一志望にする場合、他の公立で滑り止め受験が出来ない分、通常は私立を滑り止め受験しますが、類は成績が悪かった分、滑り止めになるような高校は極限られてしまう状況でした。しかも下位校には芸能活動やアルバイトを禁止していない私立校は皆無です。結局、芸能活動とアルバイトを禁止してない私立校の中から選ぶと上位校しかなく、希望した公立校よりもうんと上位の私立を第二希望に設定するしかない無茶苦茶な状況で2校を受験し、両方とも落ちてしまいました。

中学に入った頃から塾に通ったり受験のために特別な勉強をしなくても通知表の成績がそこそこ取れれば帰国子女枠で入れる高校はあるのだから、塾に行かない分学校の成績はちゃんと上げる努力をしなさい、と言い続けてきたものの常に低空飛行だったので、あまり驚く事ではなかったのですが、このままでは入れる高校がないかもしれないとかなり焦りました。

その時点で進学先が決まっていなかったのは、クラスでは類ともう一人だけという状況です。もちろん、高校に行かなくても高卒認定を受けるのも可能ですが、それはコツコツ毎日頑張れる子の話です。学校に毎日通っていても、ほとんど頭に入っていない子が自宅で自主的に勉強して高卒認定が取れるくらいなら、そもそも高校受験に失敗していないはずです。それに集団行動が苦手な子だからこそ、学校という集団の中にはなるべく長くいた方がいい。

高校どころか大学も行った方がいい。中学校で終わりでいいとは思えなかったのです。アメリカの高校に戻るのも視野に入れて何校か選んではいたのですが、当時類の持っているビザは家族ビザだったため、高校生としての生活は送れるものの、モデルの仕事は労働許可が出ない可能性が高かったのです。本人は高校にも行って、モデルの仕事を続ける事を希望していたためアメリカの高校進学も断念しました。

そこから頭を切り替えて、定時制や通信制の高校を探し始めました。通信制の高校は意外にたくさんあるのですが、登校日がものすごく少ない学校も多く、普通に学校に通う生活にならなそうな高校が多いのです。でも類には基本は毎日学校に通うという習慣を崩して欲しくなかったので、登校日数が普通科の高校になるべく近い学校を探し、大学付属高の通信制で、週4日午前と午後に授業を受ける、内容的には普通科の高校に近い学校を選んで受験、合格し、無事入学、卒業しました。

PART 3
僕が輝く場所をみつけられた理由

脳のクセを知り訓練すれば変われる

この章では、「僕がなぜ輝く場所をみつけられたのか」、僕自身の考えをまとめてみたいと思います。

ＡＤＨＤ／ＡＤＤは脳にクセがあり、その独特のクセが日常の困難を引き起こしています。まずは自分の弱点を知ることが克服への第一歩となります。自分にとって何が苦痛なのか、何が苦手だと感じるのか、そして、家族や周囲の人は自分が引き起こす何で頭を抱えているのか、困っているのか、それを見極めることが重要です。

僕の場合は、手先が不器用である、注意力散漫、集中力が低い、記憶力に問題があるなどですが、それらの弱点に関して、小学校低学年の時点で問題点を分析してもらえたので、何かを忘れたり、できないことがあっても、覚える訓練を始めることができました。

しかし、訓練をしたからといってすぐにできるようになるとは限りません。実際今でも克服できていないものがたくさんあります。8歳から発達障害と向き合ってきていますが、13年頑張ってもできないことは未だに多いです。物事に長期的に集中することは簡単にはできないですし、同じミスを何度も繰り返します。だけど13年前、5年前、2年前、それぞれを振り返ってみると、その当時できなかったことで、今できていることはたくさんありますし、この先もきっとそうなんだろうと思うのです。

「何度繰り返しても（他の子と違って）、なかなかできるようにならない」と、僕も母も今まで思ったことはたくさんありますが、何度も繰り返しているうちに、いつかできるようになることもたくさんあります。他の子みたいに、言われてすぐにできるようにはならなくても、そのうちできるようにはなったりするのです。何度も失敗をするたびに、誰かが指摘をし続けてくれれば、また失敗をした時に、「あ、またやっちゃった」と思うようになります。僕がそう思うようになったのも、本当につい最近なので、どんな人でも長い目で徐々に訓練していけばいずれできるようになるのではないでしょうか。

長い時間でできるようになればよいと考える

小さい頃は「○○君は○歳なのに、これができてすごい！」などと言われますが、重要なのは早めにできることではなくて「できた」ということなのです。僕は小学生の頃、靴の紐が結べませんでした。中学生になっても全くできませんでした。ただ、小学生の頃から、紐のついていないスニーカーを履いていたので困りませんでした。だから中学生になっても結べるようにはなっていませんでしたが、中学生当時は、結べるようになろうという練習さえしていませんでした。モデルの仕事で、紐のついた靴は履きますが、モデルの靴紐はスタイリストさんが結んでくれます。紐を結ぶのはスタイリストの仕事だからです。履く時も脱ぐ時もスタイリストさんがついているので困りませんでした。高校生になって、TVの仕事が増えてから、現場に自分で衣装を持ち込んで着替える機会が出てきました。その時にやっと、靴紐を結ぶ必要性が生じ、小学校以来久しぶりに、靴紐を結ぶ練習をしました。すると、小学生の時はあれだけ練習しても結局できるようにならなかったことが、高校生になってからやってみたら、なんとかできるようになりました。そういうことってきっとたくさんあるんだと思います。

できないことは、ムリせず、対処法をみつける

今でも紐がついた靴より、ついてないものを普段履きには選ぶことが多いですし、自前の衣装用の靴紐は、母に調整しておいてもらうことも多いです。今は解いて靴を脱ぐこともありますが、以前は靴紐を解かずに、靴底から足を引っ張って脱ぐなどしていました。今は出かける時にはちゃんと紐がほどけにくいように固く結ぶとか、その時々で対処法をいろいろと考えています。対処法さえあれば、苦手なことがいくつあってもなんとかなるのです。苦手なことを負担に思うよりも、対処法をたくさん考えればいいのです。

字を綺麗に書くのも苦手なので、手書きで何かを書くのはとても億劫に感じます。字を綺麗に書くと筆圧が高いというクセもあって、字を書くとすぐ疲れてしまいます。メモ用のノート

は持って歩くし、映画やドラマの台本に手書きでメモをしたりすることも多いですが、手書きにしなくてもいい場面では極力手書きを避けています。元々パソコンは生まれてすぐから家にあり、使いたい時に使っていいと言われていた環境だったのと、アメリカの小学生は宿題をするのにパソコンやネットを使うのは低学年でも当たり前だったので、文字は書くより打ち込む方が楽です。パソコン、電子辞書、スマートフォンの活用は、小学生や幼稚園児にもおすすめしたいです。

僕の場合は、字を書くのにバランスよく、読みやすく書くことが上手くできないので、意識して書くのには通常の人より頭と集中力を使います。だから、お財布やお金は置き忘れることがあっても、携帯電話やスマートフォンを失くしたり置き忘れたりすることはありません。だから、現金を持つより、電話機に電子マネーを入れておく方が安心でした。また、カレンダーにスケジュールを入れるのも、手書きだと億劫だけど、打ち込むのなら苦痛になりません。忘れちゃいけないことはリマインダーにセットすれば、アラートで知らせてもらえるし、GPSがついていると、地図を見ながら目的地を探せるだけでなく、道に迷った時に母に連絡して、僕の現在地を見てもらいながら「そこじゃなくて次の道を右！」とか、迷った道から一緒に目的地を探してもらうことも可能です。それに、電車を乗り間違っていないか、仕事の集合時間にちゃんと間に合っているか、母がネット上で確認する事もできます。

このように、電子機器で補える部分は積極的に使った方がいいと思います。もちろん、日本の学校は機会の平等よりも結果の平等を重んじるので、苦手なことがたくさんある発達障害児だけが電子機器を学校に持ち込んで、みんなと同じ機会を得ることを許さない空気があり、小中高を通してタブレット端末やスマートフォンを活用させてくれないのが現実です。しかし、視力が低い子に視力がよくなる訓練をさせるのではなく、眼鏡やコンタクトレンズの使用をすすめるのと同様に、発達障害児にとっての眼鏡やコンタクトレンズに相当するのが、タブレット端末やパソコン、スマートフォンなのです。眼鏡は「他の子が使っていないんだから不公平だ。それを使わずに黒板の文字が見えるように努力しろ」とは言われないのに、発達障害児のスマートフォンは言われてしまう。それはやっぱり発達障害が正しく理解されていないからだと思いますが、非常に残念です。

周りの人に自分のクセを伝え協力を依頼する

僕の短期記憶の悪さと、外の刺激に弱く脳が疲れやすくて、疲れると眠くなってしまったり人の話が頭に入ってこなくなることなどは、仕事関係者などには早めに伝えるようにしています。例えば、疲れると集中力が異常に低下してしまう、判断力が鈍って正しく判断ができないことなどは、事前に言っておかないと、結果として周囲に迷惑をかけることになります。また、知らない人から見たら、挙動不審に見えたり、だらしなくも見えたり、ひょっとしたら奇行にも見えるかもしれないので、前の事務所のスタッフにも、今の事務所のスタッフにも、何度も何度も長い時間をかけて説明しました。

時間をかけて説明はしましたが、それでもすぐには理解されませんでした。発達障害者との接点がそれまでなかった人にとっては、そういうものなんだと思います。みんなそれぞれ自分にとっての「普通」とか「平均」があり、「普通ならこれはできるだろう」「そうはいっても、いくらなんでもこれくらいはできてあたり前」という先入観で他人を測っています。だから事前に説明していても、実際にそういう場面になってから、「どうしてこんなことになるんですか?!」と驚くのです。

例えば僕がTVに出始めた頃、「普通の人より体力もなく、刺激に弱いから頭も疲れやすい。疲れると大きなミスに繋がる。サボりたいとか、怠け癖がついているとかではなく、他人に迷惑をかけず、きちんと責任を持って仕事を遂行できる許容範囲が、他の人よりも非常に狭いので、その範囲を逸脱しないように、オーバーロードにならないように気をつけてください。そうでないと結果として皆様に迷惑がかかります。具体的には……」と、前の事務所のスタッフに、僕と母とでお願いをしてありました。お仕事をたくさん頂けるのはとてもありがたいことです。せっかく頂くお仕事ですから、どの現場でも迷惑はかけたくない。だからこそ、何でもかんでも頂いたオファーはやらせて頂くのではなく、きちんとできる範囲でのスケジュール管理をしてほしい。そうでないと、結果としていろんな人に迷惑をかける可能性があるという話をしてありました。ですが、それでも結局仕事をどんどん詰め込まれてしまい、寝てはいけないところで居眠りをした事もあります。

また、マネージャーなしでひとりで現場に入る際に、財布の中身も確認せず、距離や時間も考えずにタクシーに乗ってしまいタクシー代が1600円になり、手持ちでは足りない、カード払いも対応してないで、とても困った事がありました。本来ならはじめて行く場所はきちんと調べて、タクシーよりも電車の方が早く着くことがわかったはずです。それに、タクシーに乗る前に手持ちの金額も確認するべきだったし、いくらかかるかわからないなら、走り出す前にカード支払いができるかを確認したり、「〇〇までいくらくらいですか？」と運転手さんに質問すればよかったのでしょう。しかし、疲れて思考力、判断力が鈍っていると、そんなことも思いつかないし、手元のスマートフォンや財布の中も気にできなくなってしまいます。そういう場面に行きあたってやっと「こういう問題が起こるんだ」と、前の事務所のスタッフも理解して、少し仕事を減らしてくれるようになりました。

今の事務所に声をかけてもらった際は、契約するまでに実は1年近く、何度もミーティングを重ねて僕を知ってもらい、発達障害についても細かく話しました。それを了承した上で契約してくれましたし、何よりも、僕との契約までの間にお互いを理解するために何度も、何時間も時間をかけてくれ、僕の個性を大事にした仕事ができる環境を一緒に考えてくださった社長と副社長（今の僕のチーフ・マネージャー）の厚意を実感出来たので、ここなら出来ない事がまだたくさんある僕でも長い目で育ててもらえるのではないかと確信したのです。それから3年ちょっと経ちますが、事務所の人達にも僕の癖などを理解してもらい、安定的にサポートしてもらえるようになりました

とはいえ、今の事務所に移籍する際も、事前にスタッフには細かくそういう説明はしてあっ

たのですが、わかってもらうには時間がかかりました。例えば、仕事のメールがマネージャーから来て、僕はちゃんと読んで返信をしたつもりが、用件を理解していないとんちんかんな内容で返信してしまったことがありました。マネージャーは驚いたようで、「どうしてこんな返答になってしまったんですか？　そもそも言いたいことの意味がわかりません」と、母に連絡をしていました。その時期は、朝から夜まで舞台のお稽古が続き、その間に別のお芝居やドラマの撮影もあり、覚えなきゃいけないセリフがとても多く、家を出てから帰るまでの拘束時間も長く、頭を使っている時間が非常に長かったのです。それに、外でずっと人と接しているから常時緊張を強いられ、「死にたい」と思う時もあって、明らかにオーバーロードの状態でした。「オーバーロードにならないように」と説明はしてあっても、マネージャーは僕が送ったとんちんかんな返信が、なぜそうなったのか、すぐには見当がつきません。「普通ならありえない」と思っているからです。そこで、母が同じ事を説明し、やっと理解してもらい、その後はなるべく仕事が僕の許容範囲を超えないように気遣ってくれるようになりました。

また、忙しくなってくると依頼が増えるごとに「これをお受けすると、何日までに他の〇〇を終わらせる必要が出てくるし、これと〇〇を並行して読み込んでいくことになりますが大丈夫ですか？　責任持ってやれますか？」と、事前に念押しをしてくれたり、僕のこだわりが強い部分を理解し、スルーできないことがあった時は、納得できるまで根気強く説明してくれます。

さらに、僕に何か意見を伝えてくれる時は、好きなお芝居を一緒に見に行った帰りなど、僕がリラックスした状態のときを見計らって、「こうしたほうがいい。なぜなら〜」と明確に伝えてくれるようになったので、納得して聞けるようになりました。そういった配慮で、今はずいぶん仕事がしやすくなっています。

身近な人に自分の行動をモニタリングしてもらう

ただ、周囲の人に理解してもらい協力してもらうというのは、言うほど簡単なことではなく、いくら時間をかけて丁寧に説明しても、それだけで理解してくれる人はほとんどいません。結局はミスをして、驚かせたり迷惑をかけたりする場面を経て、やっと理解してもらえて、協力してもらえるようになるのが現実だと思います。

周囲に迷惑をかけず、嫌な思いもさせずにわかってもらえればそれに越したことはないのですが、現実には無理なんだろうなと思います。そもそも僕自身は、疲れていても頑張らなきゃいけないと思って毎日をこなしているので、忙しくなって、頑張れば頑張るほど、その瞬間は「これ以上は無理だ」という客観的な判断ができません。そもそも判断力がかなり落ちています。判断力は自覚のない中で落ちていくものなので、他人に迷惑をかけたくないと思っていても、自分が気づかないうちに迷惑をかける引き金を引いてしまうのです。

だからこそ、自分で管理していくことを主体に考えるよりも、家族であったりマネージャーであったり、周囲の身近な人に常にモニタリングしてもらう必要があります。周囲の人にきっちりチェックしてもらうことで、一定のパフォーマンスは保てるし、自分の力を最大限に発揮できる環境が整います。その環境がなければ、どんなに頑張ろうという気持ちがあっても、結果は出せないのです。

できないことも、恥ずかしがらず伝える

自分の不得意なことは、確かに自分自身の問題ではあります。だからといって、自分や家族だけで背負わなければならないわけではありません。不得意で、自分ひとりの力でこなすのは難しいと思ったことは、恥ずかしいと思わず、周りに相談すべきことだと僕は思います。団体行動がなく、ひとりだけで仕事をするのなら問題ないと思いますが、学校や会社など組織の中で誰かと一緒に何かをする場合は、周りに理解をしてもらったほうが精神的にもすごく負担が減ります。なかには「言いわけだ」と言って、理解しようとしない人もいると思います。そういう人は無視すればいいのです。

他人に自分の苦手なことを話すのは、最初は恥ずかしいかもしれませんし、冷たい眼で見られるかもしれません。でも、それを気にしていたら、まわりに自分の弱点を理解してもらえずに、ミスを責められ精神的にまいってしまいます。僕も最初はわからないことを人に聞くことがすごく恥ずかしく感じていました。特に大人が多い現場に行くことが多かったので、自分が知らなかったことをマネージャーに「〇〇って知ってる？」と聞かれることは多くて、よく知ったふりをして背伸びをしていました。その結果、何度か知らない状態のまま仕事をする形に

なってしまい、結果的にマネージャーや現場に迷惑をかけてしまうことがありました。

自分の弱点をさらけ出さないと、単純に残念な人扱いで終わってしまう可能性が高いのです。そうなると、自分だけでなく家族も精神的にまいってしまう。それだけは避けたいです。

苦手な勉強を強制せず、自主性を尊重してくれた母

母の教育は、厳しかったとは特に思いませんでした。いろいろと怒られたり、口うるさく言われたり、時には脅されたりもしましたが、他の家庭と比べると、目標達成のハードルはかなり低かったように思います。僕が好きではない勉強も「いい成績を取れ」とは言われなかったし、塾に通った方がいいと言われることもありませんでした。他の子が部活を一生懸命やっているんだから、部活をやりなさいとも言われなかったし、ゲームやTVを観る時間も、他の家庭より許されている時間が長かったと思います。ゲームは朝起きてから学校に行くまでの間は好きなだけやってもいいと言われていました。例えば5時に起きたら3時間OKです。他の家庭だったら、子どもがゲームのために頑張って早起きをして時間を作ることをよしとしないことも多いと思います。それでも母は、僕が頑張って早起きをしたら、言ったことはきちんと守ってくれる人でした。

モデル事務所に入ったのは1歳の頃からですが、小さい頃は、僕の意思に関係なく仕事をさせようという感じではなく、僕自身が「もっと仕事をしたい」と、自発的に言うまでは、積極

的にオーディションに連れて行くわけでもなく、僕に求めるハードルは全てにおいて低かったと思います。それでも僕は約束も破るし、ズルもするし学校もサボるし、ハードルをクリアする努力もしないしで怒られていました。そういう理由で怒られる事が多かっただけで、基本的には他のお母さんよりは、ずっとずっと緩いしつけだったと思います。

好きな音楽や映画が、僕の世界観を作った

母が小さい頃からいい音楽やいい映画に触れさせてくれたおかげで、今自分の世界観を持っていられるのだと思います。今の時代は表現規制なども話題になっていますが、僕が小さい頃もすでに映画での性や暴力に関して、子どもに見せてはいけないなどの議論はありました。米国では、少年犯罪、特に未成年の殺人犯を捕まえてみたらデスメタル好きだった（またはギャングスタラップ好き）みたいな事件が多発して、子どもに聴かせる音楽や、音楽に付随した歌詞やPVでの性表現や暴力も問題にされていましたが、母はそういうものをいっさい禁じることはありませんでした。

また、家で一緒にDVDなどで映画を観ている時に出てくるセックスシーンも、差別的なブラックユーモアも、全く動じることなく、こういうのは観ない方がいいということもなく、なんでも一緒に観てきました。それは僕が小学校低学年だろうが高学年だろうが中学生だろうが、ずっと変わらずです。そのかわり、不適切な表現に関しては、見終わったあとに話し合ったり、

説明をされたり、ブラックユーモアも笑っちゃうけど笑っちゃいけないという感覚を教えてもらったり、他の子よりも、表現に関する問題点は教わっていたように思います。

そもそも母が「子どもに見せたくないと思う表現」は、世の中の人の考えるそれとは違うようでした。セックスシーンは大人になったら毎日観ている人もいるんだし、問題ない。スプラッター映画やアクション映画での暴力シーンや殺戮シーンは、あくまでも架空の世界のファンタジーで、それを理解したうえで観る分には問題ない。薬物使用のシーンは、それを格好いいものとして描いていても「格好いいものとして描く表現である」と理解することが大事であり、そのものを賛美しているのではないし、そのものは法律で禁じられているのはわかるよね？という具合でした。それらよりもっと怖いのは、環境保護団体や動物愛護団体が、プロパガンダ的にYouTubeなどにアップロードしている動物に関する残酷映像などで、それらは観てほしくないと言っていました。YouTubeでいろんな動画を漁っていた中学時代、それらは一面的なプロパガンダで人間の「可哀想という感情を煽るズルさであり、中高生が触れるとよからぬ方向に向かいそうで怖い」とよく言っていました。それに比べたら、エロや暴力や差別系ブラックユーモアなんてかわいいものだというのが母の持論でした。

年上の友人関係が社会との接点を広げてくれた

表現に関して基本的なタブーがなかった我が家なので、日常の行動に関してもとても緩く、母が友達と飲みに行く時に中学生の僕を連れて行くという場面も多かったですし、母の友達がたくさん我が家に遊びに来て酒盛りをしていて、その中に僕が混ざることもよくありました。小中を通して、僕にはあまり友達がいなかったし、友達と遊びにいく場面が少なかった分、僕の人間関係は母の友達が主体でした。

当時20代から30代、今現在は30代から40代になりますが、その世代とのつき合いが多かったからか、4年前に芸能の仕事を始めた当初は、仲良くしてもらっている人達は、30代から40代の人がほとんどでした。また、僕が小さい頃から知っている人が、今でも仕事のオファーをしてくれたり、一緒に仕事をする場面もあったりします。そうした周囲の人間関係に支えられてきたと感じます。

周囲が年上だった分、未熟な僕を大目に見てくれていたから人間関係が成立していたというのもありますし、そうした人間関係のなかで、些細な事でもうれしかったこと、楽しかったことがあると母に話していて、そのたびに「うれしいことがあったら、自分がうれしいということよりも、そういう事をしてくれた人に感謝をする気持ちを持ちなさい」と、言われてきました。周囲に感謝の気持ちを持つというのは、自分が愛されている、大事にされている実感を持つことにもつながります。それを日々、母から指摘されてきたのは、とてもありがたいことだと今も思っています。

自分がされて嫌なことは、人に絶対にしない

発達障害の症状のひとつとして、空気が読めないことがよく例に出されます。空気を読めないとは、他人が何を考えているのか推測できないことです。実際、他人の気持ちを推し量る能力が著しく低いし、それが人間関係における大きな壁となる事も多いです。だけど、社会で生きて仕事をしていくうえで、人間関係は避けて通ることはできません。人間関係を円滑にしていくにはどうすればいいのか。他人の気持ちを推し量る能力が低いので、スキルを上げる努力は頑張ってもたかが知れている。それよりも「自分がやられたら嫌なことは、他人には絶対にしない」という基本的なことを小さい頃から考えてきました。

日本の小学校の道徳的価値観では、よく「他人の立場になって考えなさい」といわれますが、他人の立場になんて立ちようがないのです。それは発達障害じゃなくてもそうで、その人の立場はその人じゃなきゃわからない。エスパーじゃないんだから、その人の気持ちを代弁するのなんて不可能。そこからのスタートでいいんだと僕は思います。世の中には他人の立場に立った気になって代弁している気になって正論をかます偽善者がたくさんいますが、それがリアルな「その立場に立った人の意見」ではないことがとても多い。所詮人間は、他人の立場になんて立てないと思います。

全ての人には、それぞれの人にしかわからない思いや苦悩があります。いくら見方を変えて、その人になろうとしても、まずは自分の考え方が入口になってしまいます。例えば、僕がいくらエドガー・アラン・ポーを研究して「彼は当時恐らくこんな気持ちだったんだろう」と、自分が感じた事からその人の考えに入ろうとしても、それは結局、僕の想像から出た答えであって、決して真実ではありません。

今は役者の仕事をしているので、その役の立場に立ってものを考える努力は必要です。しかし、それは「僕の解釈」として成立しているのであって、その立場の人間と同化しているのではないし、その立場に立っているというのとも違います。その人の立場に立った僕は、その立場に立った他の人の気持ちがわかるわけはないのです。僕にわかるのは、僕の気持ちだけなのかもしれません。それくらいの謙虚さは持っていた方がいいといつも思っています。

だからこそ、自分がやられたら嫌なことは他人にはしない。もう一歩進んで、自分がしてもらってうれしかったことは、誰かにしてあげられるようになりたいと努力をする。さらに一歩進んで、自分は嫌だと思わないけど、他の人はされたら嫌なのかもしれないという発想力を持つ。この3つは、小さい頃から母に言われて来たことでいつもこころがけています。とはいえ、3つとも成立させるのはなかなか難しいことですが…。

表情で伝えられない分、丁寧な言葉や行動で伝える

僕は周囲の大人達から言葉遣いが丁寧だと褒められることがよくあります。言葉遣いについては、母から厳しくしつけられたというよりも、自分自身が綺麗な言葉で話すのが好きでした。周囲の男の子みたいに、「オレが〜〜」とか、「〇〇だぜ」と、イキがってしゃべるのが好きでなかったこともあり、小さい頃から丁寧な言葉遣いが身についたんだと思います。僕は基本的に表情の変化が乏しいので、人間関係の中で何かうれしいことがあったり褒められたりして、自分ではうれしいと感じても、うれしそうな表情になりません。しかし世の中の人は、うれしければ表情に出し、相手に伝え、そういう細かいコミュニケーションが積み重なって人間関係が円滑になります。

しかし「うれしかったらうれしそうにしなさい」と言われたとしても、僕自身は反射的に表情を変えることができません。母もそういうリアクションがあまり得意ではない人なので、僕が言われてできるわけじゃないのも理解してくれていて、「うれしそうにしなさい」とはいっさい言いませんでした。その代わり、「うれしいことがあったら、うれしいことを言ってくれた相手に感謝しなさい。それはその人があなたに気遣ってくれた、大事だと思ってくれたから。そして、感謝の気持ちを伝えなさい」と言われてきました。つまり、表情でうれしそうにできないなら、「ありがとうございます」と、ちゃんと言葉にするとか、礼儀正しくしっかり頭を

下げてお礼を言うとか、他の人だったら「うれしそうな顔」で表現する部分を、言葉や行動で表現しなさいと言われてきました。

発達障害者もうれしいと思うことはたくさんあります。だけど表情では表現できない。だから相手に、言葉などで伝える必要があるというのを、小さい時から親に繰り返ししつけられてきたのは、僕にとってはとてもためになったと思っています。感謝の気持ちはきっと誰でも持つ瞬間がある。うれしいと思う瞬間もある。だけど、それが相手に伝わらなかったらそれは「ないもの」だと思われる。うれしいとか感謝というのは、存在証明をしてはじめて存在するもので、それを表さなければ、誰も気付かない存在しないものなんだと。

僕を気遣ってくれた人、大事に思ってくれた人が、僕を褒めてくれた時、僕がうれしかったと相手に伝わらなければ、「僕はうれしいことを言われたわけじゃない」となる。うれしいことを言われたから、うれしいという気持ちは伝えなきゃいけない。だからうれしいことがあったら、「僕がうれしい」よりも、「僕を褒めてくれた人に感謝をする」が先で、感謝の気持ちを言葉や行動で表す。それをできる限り守って来たことで、僕の気持ちを汲み取ってくれた人は、今までもたくさんいました。

子ども時代の周囲の子ども達にはなかなかできませんでした。子ども同士では、コミュニケーション方法がそれほど複雑ではない分、顔の表情と発する言葉がきちんと符合していないと、あまり理解してもらえません。しかし母の周囲の大人達には、きちんと通じましたし、そうすることで、より自分でも周囲の大人に理解され、大事にされているという実感が強いものになりました。

「大きな円の中にいる自分」をイメージする

コミュニケーションだけでなく、社会で生きていくには、「僕がどうしたいか」とか「僕がどう思うか」は、実は最優先ではないことも、母からしつこく言われてきました。実際まだ視野が狭い20歳そこそこなのと、他人に興味を持ちにくい発達障害であるのもあり、つい「他人がどう思うか」を考えずに、「自分はどう思うか」ばかりが先走ってしまうことがあります。

しかし社会に出ると、「自分はどう思うのか」をいちいち聞いてもらえる場面なんてそう多くはないし、「自分がどう思うか」が優先されることなんてまずないのです。そんな事を考える暇があったら、「ここで僕に求められていることはなにか」を考えられるかどうか、答えを導き出せるかどうかは別として、考える努力をする。そのクセをつけていくのは、大事だと思いました。「僕が、僕が」と自分を中心にした発想ではなく、「大きな円の中にいる自分」と「その自分に求められているもの」をイメージする練習です。

それはバラエティ番組や映画の仕事だけでなく、どんな仕事にも言えることだし、友達同士で遊びにいくような場面にも言えることです。

好きなことを掘り下げて、得意なことを伸ばす

僕の場合、今得意なことは英語です。それが自信につながっているのは間違いありません。アメリカに住んで生活の中で自然に覚えられたからということもあるのですが、僕はもともとあきっぽく集中力がないため、何事も努力するということが無理。語学も身につけるまで時間がかかるタイプなのですが、僕自身が興味を持ち、楽しみながら長く続けられる方法を選んでいたからこそ、英語を習得することができたのだと思います。

渡米前から、家では英語のラジオ、テレビ、アニメに触れていましたし、NYでも、現地のTVを観るのはもちろんのこと、学校の図書室から興味のある本を借りてきて読んだりもしていました。学校で借りて読んだ本を原作にしたアニメや映画があったらそれも探して観たり、好きなことを掘り下げていくのは苦になりません。そもそも、映画や音楽、アニメという英語圏のカルチャーそのものに興味があり、好きだったからこそ続けることができました。

帰国後の中学生時代には、学校の課題図書の英語版を読んで、日本語で読書感想文を書くということをして、英語力をキープすることができました。その頃今度は、日本語の読み書きレベルが最低になっていたのですが、「その時点で英語が第一言語になっていた類にとって無理

に日本語を習得しようと焦らせるよりもよい」と母が合理的に考えて、そういうやり方を提案してくれたことが良かったのだと思います。

特技といえることが少ない、何かと自信を持つことが難しい僕にとって、英語は唯一の特技になりました。この特技がひとつあることが、僕の自信の源になってくれています。実際、海外の監督やミュージシャンにインタビューするという仕事のオファーもいただいたり、英語が話せて演技ができるという条件でのハリウッドのオーディションなども受けることができるのですから、仕事の可能性も広げてくれると実感しています。

その一方で、外国語としての語学の習得がものすごく苦手になってしまいました。普通の人は学校で外国語を教科として学び、それで定期テストを受けたりして苦手にしろ得意にしろ勉強していくものですが、僕は中学校に入る前に帰国したせいで、アメリカの学校で教科にあったフランス語やスペイン語には触れないままでした。さらに、帰国したら、外国語として自分の第一言語である英語を習うことになったので、「しゃべれない語学を教科としてイチから学ぶ」経験をしないままこの年齢になってしまいました。今はパリコレに毎季行っているので、フランス語を日常会話レベルでもいいから最低限できるようになりたいのが目標です。だけど、最も初歩のテキストを見ながら、1から10を数えるのも、毎日頑張っても覚えられず、それより先にも進めず、パリに行く日が来てしまいます。パリに行くとロクにしゃべれず英語で通してしまい、帰国すると「終わった」という安堵感が先に立ってしまい、勉強のモチベーションを失くし、数か月なにもしない。そして、パリに行く日程が決まると、慌ててテキストを開くけど、その時には1から10どころか1も思い出せないことの繰り返しで、全く覚えられません。

教科としての語学の習得は、中高生の頃にある程度やっておかないと、脳の仕組みに新言語が組み込まれていかないのではないかと思います。得意不得意、好き嫌いは関係なく、中高生での外国語学習は必要なのかもしれないと、今になって思います。フランス語もアメリカの小学校の授業ではなく、放課後の学童保育の中の習い事科目みたいな場面で、母にすすめられて受けていたことはありました。しかしロクに単語も覚えず、真面目に勉強していなかったため、母にフランス語圏のカナダに連れていかれても「英語が通じるから」とフランス語で喋ろうともしませんでした。翌年に、フランスのニースに連れて行かれた際は、本当に英語が通じなくて「フランス語でしゃべらないと要求は通らないから」と迫られました。そして、マクドナルドのポテトが食べたいと言っても、「フランス語で、自分でオーダーするなら買ってあげるけど、自分でしゃべらないなら滞在期間中はマクドナルドには行きません」と言われ、必死で「un petit frites s'il vous plait」と暗記してやっとしゃべりました。

その時点で覚えてる単語は何もなかったという状況でした。興味のない事に興味を持つのはたぶん無理で、どうしても必要だと思った時に、なんとか頑張れる程度なんだと思います。今は定期的にパリに行っているので「フランス語は必要」という認識はちゃんとあります。必要だと思うから、やっと興味は持てました。今はそこから先をどう頑張るかが課題です。

「忘れやすい」ことで逆にメンタル面を維持

生きていくなかではよいこともあれば、嫌なことも体験します。僕もこの本が出版された時点で、21年間、生きてきていろいろな事を体験してきました。よいことも悪いことも。でも、それらのほとんどを忘れてきました。

どういうことかというと、文字通りそのままです。僕がどんなに楽しいと思ったことも、反省すべきと感じた事も、全ては寝たら翌日にコロッと忘れてしまいます。

記憶力が弱いので、大概のことは忘れてしまい、覚えておかないといけないことでも忘れますが、覚えておきたいことも忘れたいことも、全て等しく忘れてしまうので、自分に都合よく持っている記憶力を活用できるわけではありません。覚えてなきゃいけないことまで忘れてしまう分、努力しなければいけないことはあります。が、それと同時に、嫌なこともサラッと忘れてしまい、母に怒られた後も、気分転換をするのが得意というか、いつまでも引きずっていることはほぼありません。

でも、これには弱点があります。前述したように、僕は寝ることで、僕が嫌に感じたことを忘れることができました。しかし、自分がやったことを何もかも忘れてしまうので、自分が昨日起こしたミスを、そのまま翌日また引き起こしてしまう可能性が高いのです。

さらに、自分がやった事が悪い事だったという認識がないため、同じミスをして、母に怒られてしまい→反省して→寝て→起きたら忘れて→またミスを起こす、という繰り返しになってしまいます。自分が毎度も同じミスをするたびに、母には何度も同じことを指摘されて、手間をかけさせてしまいました。

母は僕のこの問題には慣れているのですが、当然いい思いはしていなくて、むしろ僕の苦労を全部背負わせてしまいました。小さい頃は、僕が何度も同じミスを学校でするたびに、母は他の親や担任の先生から「また類くんが○○をしましたが、これで○度目です」と言われていたそうです。母にはなんとお詫びをすればいいかわかりません。いくら子どもとはいえ、僕自身の問題を、必要以上に押し付けられて、本来僕がいろいろと言われるべきことや、僕自身の問題を、何度も周りの人達に説明をしなければいけなかったのは申し訳なかったと思います。

反面、嫌な事もどんどん通り過ぎていき、心的なストレスがかかりにくいというメリットもあります。発達障害には僕のように記憶力がすごく弱いタイプの人もいますが、逆にものすごく記憶力がよくて、物事を映像で捉えてどんどん記憶し、思い出す時は脳内で映画が上映されるように思い出す人や、聞いた話を一字一句頭に入れてしまう人もいます。そういう人達は大概、小さい頃から学校の成績も良くて優秀で褒められて育ってきますが、その反面、嫌なことも忘れられないのです。結果、フラッシュバックに苦しんだり、その出来事を反芻して、必要以上にストレスを抱えて、下手すれば強迫観念を持ってしまうかもしれません。

どちらが生きやすいのかは答えが出ませんが、僕自身は嫌なこともあんまり覚えてないまま大人になってこられたので、それはそれでよかったなと思っています。ただ「あんまりよく覚えてないんだけど、僕の子ども時代は楽しかったと思うし、親子関係も良かったんだろうなと思うので感謝している」と、母に言うと、微妙な顔をされます(笑)。

母としてはできうる限りの努力をしたつもりみたいですし、いろんなものを僕に見せてあげたい、知らせてあげたいと思って、世界中さまざまな場所に連れて行ってくれたみたいですが、世界20カ国以上を旅したはずなのに、僕は全然覚えていません。旅行に行く時は必ずどんな国か、どこにあるのかなど、その時の年齢に合わせてわかりやすく説明してくれたり、「Hello、Yes/No」「Thank you」程度の現地語を教えられたりしました。また、現地に着いたら着いたで、学校の教科書に載っているこういうところがここにあってとか、以前TVで見たあれはここなんだよなどと細かく解説してくれるのですが、何ひとつ覚えていないです。それらをもしも覚えていたら、僕は美術史とか建築史、世界史や社会問題、国際情勢等は頑張って勉強しなくてもかなりできる方になっていたはずですが、どこにも旅行したことがない人より知識は薄いかもしれません。

そういう僕を見て時々母が落胆していたのは確かですが、高橋先生からは「覚えてないようでどこかには蓄積されていて、それが今、開花してるということでは」と言われてなんとか納得しているようです。記憶というのは何がどこに結びついて、それがどんなきっかけとなってどういう結果をもたらすのか、誰にもわかりません。だから何も覚えていない僕に対して、諦めずに母がさまざまな場所に連れて行ってくれたり、いろんなものを見せてくれたりしたのには、感謝しています。

ドラマ、映画を見て「表情を読み取る」練習

僕は人の表情から感情を読み取ることが苦手なことを前述しましたが、それはやはり、僕自身が他人を観察する力と、他人に対する興味が弱かったからだと今になっては思います。他人の心の動きや、言葉の端々に表れる感情の変化、そういう日常の中で無限に発生する場面のほとんどを、僕は理解していなかったのです。舞台も含めてたくさんのお仕事に多大な時間を費やして取り組んでも、なかなか、お芝居は巧くならないし、どう演じていいのかがわからないまま時間が過ぎ、どうすれば上達するのか試行錯誤しながらたどり着いたのは「読解力」というキーワードです。

僕自身、読書は嫌いな方ではありませんでした。1歳から小学4年までをNYで育ちましたが、その頃は、英語で本を読むのが好きで習慣づいていましたし、帰国後の中学校の夏休みの宿題の読書感想文も英語で本を読んで日本語で感想文を書いていたのですが、小学5年のとき日本に帰国してから日本語で学校の勉強をするようになり、日本語での読み書きが苦手だったことから、読書習慣が抜けてしまっていました。日本語習得のプロセスの中で読書習慣自体がどんどん退化していき、最近では自主的に本を読まなくなっていたのです。「伝えたい事を読

み取る」「描かれている世界をなるべく細かく想像してみる」というトレーニングは重要だと実感しました。

好きな映画、好きなシーンはたくさんあり、それらはすべて映像として僕の前に展開し、僕の目に焼き付いてきました。お芝居をするには文字だけの台本が僕に届けられ、それを映像にする、立体化するプロセスを担うのが僕自身です。それまで映画で観て、文字以上の表現として細部に至るまで補足されていたのが俳優のお芝居ですが、今度は僕が補足する側に回るのです。少しでもたくさんの本を読んで、その情景を思い浮かべたり、そのキャラクターの心情を思い浮かべる。それらを繰り返すことは役者として避けて通れないトレーニングだと思いました。

「読解力」というのは本だけでなく、映画やTVドラマにもあてはまります。観ている映画の中で俳優の表情の微細な変化、それが何を伝えようとしているのかを読み取る読解力。俳優が発する台詞ひとつひとつ、声のトーンの微細な変化は何を表現しようとしているのか、不安なのか怒りなのか、そういった細部に至る表現を読み取る力も読解力です。多分小さい頃から母にそういう部分は指摘されてきたとは思うのですが、それが実際に僕の頭で観念的に理解出来るようになったのはここ最近な気がします。

本当なら子どもの頃に、もっと小さい頃に気付いていていれば、もっと生きやすかったかもしれない。人と接するなかで、日々直面する他者とのコミュニケーション。相手の眼球が動いてるのはなぜか、急に微妙に早口になったり、声が少しだけ大きくなったり、うわずったり。他人が示している些細な不快感や居心地の悪さをその場で汲み取れれば、それ以上の溝ができないで済むのに、それがわからないからそのまま放置してしまったり、無神経な事を言ってしまったという場面は僕が気付いていなかっただけでたくさんあったと容易に推測できます。そしてそれらの表情の変化を知る、理解するには、お芝居の勉強はとても有効だと感じるのです。

映画を観て気になる動きや表情に関してリモコンで一時停止しながら「この表情は何を表しているのか」を考え、母の説明を聞いて理解し、覚える。そうして知識として蓄積し、自分の中で咀嚼し昇華し、最終的に自分も同じように表情を作ったり声を出してみたりする。その動きを映像で観るというプロセスがないと、僕のような発達障害者は理解出来ません。そして映像で観たものを実際に自分で演じてみるという疑似体験を通して他者の気持ちや立場というものを理解していけるのではないかと思うのです。

この読解力の訓練も、お芝居の仕事だけでなく、日々直面する他者とのコミュニケーションの訓練に役立ち、僕が社会で生きていくための力のベースになってくれていると思います。少しずつですが、長い目であきらめず続けていこうと思います。

「同世代のつきあい」が広げる演技の幅

僕は前述のように、子どもの頃から友人といえば上の世代が多く、同世代の友達はほぼいませんでした。それがここ2年間で、人生で初めて同世代のつきあいができてきました。

なぜ、子ども時代に同世代とつきあってこなかったのかといえば、学校などで周囲の大人に、「近くにいる人」を「友達」と言われ、「友達と仲良くしなさい」と言われるたびに、「友達って偽物」だと思っていました。

ですから、お金を使う時は人とのごはん代よりは、新しいゲームや映画のDVD、服を優先させてきました。結果的に、友人に誘われることも出かけることも滅多になかったですし、仕事や学校が終わったらそのまま真っ直ぐ家に帰ることが多く、そもそも友達とごはんを食べるという発想すらしませんでした。

今の事務所に入った4年前には、同世代の子が多い事務所でみんなで舞台をやったり、忘年会や初詣といった集団行動が多かったので、最初は戸惑いました。稽古の後に反省会を兼ねてご飯を食べに行こうと言われても「明日も早いので帰ります」といつも先に帰っていました。マネージャーには、「明日も早いのはみんな同じだよ、稽古の時間は一緒なんだから」と言われることも多かったのですが、それでも僕は帰ったりしていました。

彼らは、いわゆる「ジュノンボーイ」のようなキラキラした爽やか系で、かつコミュニケーションを卒なくこなすタイプ。僕は正直なところ「疲れる」「めんどくさい」と思う気持ちの方が強く、楽屋でもすみっこの方に座って交わろうとしませんでした。

それがここ2年で、変わってきたのです。

ある番組の収録で、「もんじゃ焼き屋さんに行ったことがない」ことに驚かれたことがきっかけで、「友達ともんじゃ焼き屋に行ってワイワイする」「友達と朝まで語り合う」＝「リア充な遊び方」があると知り、興味が芽生えたこともベースにあります。

共演した同世代の俳優さんで、何度か顔を合わせるようになった時に、「実は人見知りなんだよね」と話しかけてくれたり、「その服いいね？　どこで買ったの？」と話しかけてくれたことがきっかけで、初めて連絡先を交換して古着屋さんに一緒に行ったり、家に遊びに行ったりする友達ができてきました。

彼らとつきあうことで、仕事の相談をしたり、その人の仕事の取組みや苦悩を知り視野が広がったりして、とても楽しく、とても有意義だと感じるようになってきました。

一度友達になると、その友達のいるグループには安心して交われて、また新しい友達ができる。友達の友達は共通項がある人が多いですし、運動なんかまったくしない僕がバレーボール同好会に熱心に通うようになったのも、集団で行動するという楽しさに初めて気がつけたからです。

どうやら僕なりのペースで少しづつ慣れていき、僕なりのコミュニティをみつけられれば、僕にも交友関係を広げることができると自信がつきました。

最近では、事務所の同世代のつきあいにも、たまに食事会に顔を出すようになって驚かれたりしています。コミュニケーションが上手くない僕に対しても積極的に話しかけてくれたり、寛容に接してくれる子が多く、事務所の人達も含めてあまり急かすことなく見守ってくれたから無理のないペースでなじめたのだと思います。

僕は、これまでドラキュラや、エスパーなどちょっと変わった役ばかり、オファーをいただいていました。それが16年秋に公開される「インターン！」という映画で初めて「普通の大学生」の役のオファーをいただきました。事務所の社長に「類くん、普通の役だけど大丈夫？」と聞かれたときも、同世代の友達とのつきあいがあったからこそ、思い切ってやってみようと思えたのです。交友関係が広がることで演技の幅も広がると気が付きました。

チーフ・マネージャーには以前から、「週刊誌にデート現場を撮られてもいいわよ」と言われていて、（デートではありませんでしたが）友達の家に遊びに行った時に週刊誌に撮られても、まったく怒られませんでした。後ろめたいことがなくてもプライベートの行動に注意しなくてはならない役者さんも多い中で、僕にはむしろ必要なことと認めてもらっています。

同世代の女優さん仲間にも、「ごはん食べに行きませんか？」と誘えるようになったことも、僕には大進歩です。でもまだ恋愛関係というよりは、役者として尊敬する人とお話がしたい、という範囲なのですが、これまで僕にはそれすらなかったのですから。

これからも交友関係を僕なりに広げて「演技の幅」を広げていきたいと考えています。

PART 4

彼はなぜ輝く場所をみつけられたのか

Section_1

母・栗原泉さん

「長い目で成長を見守る、
本人が好きなことを
伸ばす努力を惜しまない」

自立への第一歩は、生活習慣の訓練

子どもが子どもである間、未成年の間は、学校の勉強や集団生活についていくこと、そして、先の事を考えるといっても、せいぜい進路のことが精一杯というのが、発達障害の子どもを持つ親の日常ではないかと思います。何しろ親としてできてほしいことや、やってほしいことの半分もこなしてくれない。それを少しでもできるようにという目先のことでいっぱいいっぱいになり、将来のことを具体的に考える余裕なんてないでしょう。

子どもの将来を具体的に思い描くのは、発達障害児を持つ親にとって、ある意味ぜいたくな妄想かもしれません。「この子もいつかは家を出て、ひとり暮らしをするんだろうな、そうしたらこの家も寂しくなる」など。きっと子を持つ親のほとんどは、そんな妄想をしているのかもしれませんが、わが家にしてみれば、「いつになったらそんな妄想が現実味を帯びる日が来るのだろうか」という一抹の不安の方が先立っていました。

しかし1日1日を積み重ねれば、親も子どもも1歳ずつ歳をとり、子どももいつか成人し、歳を重ねて老いていきます。先の事を考える余裕はないといっても、時間は待ってくれません。学校の宿題や勉強、忘れ物、遅刻、規則正しい生活をする等の日々の課題に追われていたとしても、追加するべき項目は「自立へ向けた取り組み」です。

わが家では、息子が小学校後半くらいの頃から、私が漠然と考え始めました。私自身が小さい頃からひとり暮らしに憧れていたこと、結果として20歳で留学のため渡米した際にひとり暮らしを始めたことを考えると、「この子はあと10年でひとり暮らしができるようになるのか?」と考えました。すると、「とてもじゃないけど無理!」という結論にしか至らなかったため、今から始めても遅いくらいだという気持ちで、少しずつ、「自立への道」を考えるようになりました。


基本的には「おうちのお手伝い」程度のものからですが、掃除機をかけるとか、ゴミ出しをするとか、洗濯物をちゃんと選り分けたうえで洗濯機を回す、洗濯物を干す、洗濯物を取り込んでたたむ、おふろの掃除、料理をするなど、私が教える時間を作れる時にだけ、無理のない範囲で手伝わせていました。当然毎日ではないので、なかなか手順は覚えませんから、横で次はどうすると具体的な手順を指示してやらせます。それは何年経ってもそうでしたし、今でもほとんどそうです。

ただ、長い時間をかけて教えながらやらせてみてわかったのは、本人にとって得意不得意があり、親子で分担する際に、積極的に本人が得意な部分をやるようになったこと、類は何が苦手なのかを、把握できるようになったことです。料理は好きだけどなかなか手順が覚えられない、洗濯物を干すのは苦にならないけどたたむのは苦手。だから「洗濯物は僕が干すから、畳むのはやって欲しい」とか、私が疲れていて料理するのが面倒臭いという日は「手伝うから（僕がやるよとは言わない）一緒に作ろう」という風に、本人ができること、苦にならないことが把握できるようになりました。

実は高校を卒業したくらいの頃、類がひとり暮らしをしたいと言い出した時期があります。子どものひとり暮らしのタイミングは、本人のやる気がある時に送り出してあげないとタイミングを逸して、家事を親におんぶに抱っこのまま、実家暮らしをしていると、あっという間に30代になってしまいます。そんな生活をしていたら、誰かと結婚して家庭を持つという暮らしは、どんどん遠のいていくでしょう。

客観的に考えて「30代で実家暮らししかしたことのない人」と、今後生活を共にすると考えた時に不安はないかと言ったら、男女問わず不安に感じるでしょう。そう考えたら親にとって都合のいいタイミングを待っていると、子どもの自立に失敗する可能性が高い。もちろん、今でもその考えは変わりませんし、危機感は持っています。

しかし、息子が言い出したタイミングはあまりにも間が悪すぎました。ちょうどTVや映画などの仕事が忙しく、ロクに休みもない時期です。家に帰ってきたらお風呂に入って寝るだけ。朝起きたらそのまま仕事に行く毎日のなかで、ひとり暮らしをしたらどうなるのか。具体的にイメージできたのは私だけでした。息子はもちろん「ひとり暮らし」という大人への階段を上るふわっとした希望に溢れるイメージしか持っていません。マネージャーも「いつまでもお母さんに依存してないで、自立したほうがいいと思います」と言います。発達障害児を持つ親は、そう言われる場面によく遭遇します。親が子離れできていないとか、過保護だと発達障害を理解していない人からは見えるのです。

私個人は「息子がひとり暮らし⁉　できるものならやってくれるならサイコーなんですけど！」くらいに考えています。それはもう何年も前からそう。息子が自立してくれるなら、私も気楽なひとり暮らしができますから、願ってもないことです。しかしあのタイミングでひとり暮らしをしたら、困るのは私ではなくまず息子であり、その次に甚大な被害を被るのはマネージャーです。「それ、わかってますか？」と、冷静に説明するしかありませんでした。

テレビのバラエティ番組の仕事というのは、収録の前にアンケートと呼ばれる質問事項が送られてきたり、家の中の写真や映像を撮ってきてほしいという依頼も多くきたりします。映像を撮る際はスマートフォンではなく、番組からビデオカメラの貸し出しがあります。貸し出されたビデオカメラと充電器、予備バッテリー、説明書、それが入っていた箱などを全て自分で管理して、締め切りまでに録画して全てを返却する能力が必要です。「それが、うちの息子にあると思いますか？　ただでさえ、毎日寝て起きて、風呂に入って、仕事に行くだけで精一杯なのに」と。私の説明は、まだまだ続きます。これだけ忙しいと、家に帰ってきたら、縦のものを横にもしなくなっているのに、ひとり暮らしなど始めたら、掃除などするわけがないでしょう。できるキャパがあるわけないでしょう。散らかり放題のひとり暮らしの部屋に住んだら、ものは失くし放題。発達障害者の部屋にはブラックホールがいくつも存在します。汚いとか散らかっているとか、そういう問題よりも、物が見つからなくなるのです。物を失くす天才で、探す能力が欠如しているこの子を、今、ひとり暮らしをさせたら「お借りしたビデオカメラを失くしちゃったんですけど……。家の中にあるのは確かなんですが、見つからないんです」ということになったり、「資料用に渡されたＤＶＤが見つからない、今日中に観ておかないといけないのに。一緒に探してもらえますか？」ということになることは目に見えている。その場合に、探しに行くのは私ではなく、マネージャーさんになるわけですが、そこまで見越したうえで、ひとり暮らししたほうがよいとおっしゃってますか？　せっかく別々に住むのに、私はサポートできませんよ。一緒に住んでいる間ならやりますけど」と言ったら、会社命令でひとり暮らしはなしになりました。まあ、当たり前といえば当たり前です。マネージャーだって寝る間もないほど忙しい息子と一緒に働いているのだから、寝る間もないのは同じなのに、さらに業務外のお世話までは難しいでしょう。

ひとり暮らし体験の期間を増やしていく

その代わり、１日でも早くひとり暮らしができるように、少しずつ練習をするようになりました。まずは、私がひとりで旅行に行く。最初は３日程度からはじめて、今は１週間くらい私が留守にしても大丈夫なくらいにはなってきました。まだ、息子の仕事が忙しくないタイミングを選んで旅行に行くようにしていますが、最初は３日間でも、お惣菜を何種類も冷蔵庫にストックしておいたりしましたたし、１週間の旅行でも、冷蔵庫に入れられるだけお惣菜を何種類も作っておいたりしていました。だけど、この数カ月は、「お惣菜なしで、ごはんは毎日3食、自分でなんとかしてみる」と言い出したので、おかずの作り置きもしないで、旅行に行くようにしています。

栄養バランスは二の次でいいのです。おなかが空いたら自分でどうするか考える、決めるというのが大事なのです。「面倒だから食べない」だけはやめてくれと言ってあります。コンビニで買ってくるでも、近所に食べに行くでも、友達を誘ってごはんを一緒に食べるでも、とにかく自分でなんとかできるようになったのは大きな進歩だと思います。以前は「毎食外食になるのは嫌だ。だけど、全部自分で作るのも無理だ」という状態で、家に帰ればごはんが作ってあるという習慣性から離れる発想が、なかなか持てなかったのです。

ゴミ出しは、曜日で決まっているのを毎日出すことを、何年も繰り返しているのでできるようになりました。テレビの仕事が忙しくなり朝早く出ることが多いので、私の方が先に家を出ることがまずなく、自然と息子の担当になり、私がいてもいなくても、朝起きたらゴミ出しの習慣はついています。

猫の水と食事、トイレの掃除も普段は気がついた方がやっていますが、私がいない間は毎日きちんと世話をしています。食器洗いに関しては、我が家では食洗機を使っているので、洗っていない食器が山積みになることはほぼないのですが、今でもたまに食洗機へ食器を入れる際の手順や、どの段にどのタイプの食器を入れるかなどがわからなくなるようです。そんな時は、

iPhoneのFaceTime（TV電話）を使って電話をしてくるので、「もうちょっと左を写して。そう、その左側の上の段に」などと指示をしながら、映像で確認しあったりしています。

洗濯機を回すのも同様です。どの種類とどの種類はわけるとか、洗剤はどれを使うなど、わからないことは1日に何度でもFaceTimeで確認します。旅行のたびにそれを繰り返していても、まだ完璧には覚えられていませんが、本人がやる気になっているのが重要なので、何度でも繰り返して教えます。

先日も1週間の旅行から帰って来たら、私が旅行の前にテーブルに置きっぱなしにしていたマグカップの中にカビがはえていたり、キッチンカウンターの上に私が置きっぱなしにした食べ残しのお皿が、1ミリも動かずそのままになっていました。そこで、「これってもしかして私が食べきれなくてそのまま置いていったアボカドが、緑色から真っ黒に変色した結果でしょうか？」と、質問することになりました。

自分が使っていないものに対しては、注意が全く向けられないため、「これとこれを置いてきたから片付けてね」と具体的に指示をしないと、悪気もなく気がつかないまま放置されているのです。それに関しても怒らず、「目の前にあるものは、ついでに片付けてほしかったです」と言うにとどめました。本人は悪気もないし、自分に関係ないと思っているわけではないのです。ただ注意力が低いから、毎日テーブルに飲み物や食べ物を置いて、終わったらそれを片付けて、食洗機を回すことを1週間繰り返していたはずなのに、自分が置いたもの以外は、なぜか目に留まらなかったのです。

普通の人なら目に留まるのでしょうが、「それはそれで仕方ない。具体的に言えばやってくれるのだから」が、現時点での合格点。目標としては「毎日寝る間もないほど忙しいわけじゃないのだから、せめて、私が行く前より散らかった部屋にならないでほしい。『掃除しといたよ』くらいたまには言ってみなさい」と、思うのですが、そこまで到達できるのは果たして何年先だろうかという状況です。

外界の刺激に弱い脳を疲れさせない

発達障害者は脳のしくみが独特なことや感覚過敏の人が多いことは、だんだん知られるようになってきました。息子を観察していても、脳もとても過敏なのだということがわかります。ふだんボサーッとしているように見えても、集中力がないように見えても、視界に入ってくる情報は何かしらの形で処理されています。その視界に入る外界からの情報が「刺激」となることも多々あります。

例えば日常の、通学で毎日通る道や、学校、家の中など、日々見慣れたものは刺激となることはないですが、博物館、美術館、動物園、遊園地など、子どもにとって、非日常の楽しい場所で、思いきり楽しむことは脳への大きな刺激となります。それはもちろんいい刺激なのですが、キャパシティは子どもそれぞれ違います。基本的に発達障害児の脳は、定型発達の子どもの脳よりも疲れやすいと思った方がいいです。

非日常の楽しい刺激であっても、それを受け止めるキャパシティが少なく、脳が刺激によりすぐ疲れてしまいます。学校の社会科見学などの集団行動で、「お行儀のいい態度」で参加できない、やる気がなさそう、興味がなさそう、飽きっぽい、自発性がなく見えるなど、教師からそんな感想が出たとしたら、脳の疲れのペースが他の子ども達と違うからだと思います。

博物館や動物園、遊園地などでは、子どもは着いた瞬間から楽しそうにはしゃぎます。目に入るもの、聞こえてくるもの、それらをさまざまな形で脳が処理し考えたり覚えたり、時には驚いたりしながら反応します。そして歩き回り走り回ることで、脳だけでなく身体的にも疲労します。息子の場合は、小さい頃からせいぜい1~2時間が限度でした。今でも旅行先で1か所の目的地につき、せいぜい1時間。1日で行けるのは、午前と午後合わせて2か所というペースです。それ以上詰め込むと、疲れてしまって楽しめない、ただそこにいるだけになってしまうのです。

例えば、ディズニーランドに連れていくとして、往復にかかる時間と交通費、入園料なども考えたら「1日がかりでガッツリ遊んで元を取りたい」と思うのが普通の大人の発想です。美術館や動物園も同じくですが、休みの日を子どもとのお出かけに使うのは、お金も時間も使うのだから「元を取りたい」と思ってしまうのが大人です。しかし、その物差しに発達障害児を当てはめようとすると、大惨事にしかなりません。

子どもが行きたいと言った遊園地。最初はすごく楽しそうなのに、1時間そこらで「疲れた。帰りたい」と言い出し、機嫌が悪くなる。楽しみにしていたはずの動物園も、ちょっと見たら飽きてしまう。「こんな動物もいるよ」と説明したり、見せてあげようとしてもグズって興味を持たない。大人の発想からすると「わがまま」で「飽きっぽい」としか見えないでしょう。しかし、それは彼らの脳が刺激を受けすぎて疲労しているサインなのです。

様々なものを一緒に見て学び、楽しい体験を共有する

私は子どもに様々な知識を授けたいとか、いろいろなものを見せてあげたいと思って育ててきました。休みの日に一緒に出かけるのは、親子で楽しい体験や知識を共有する、親子間での楽しい思い出をたくさん作りたいと思ったからで、休みの日はなるべく一緒に出かけるようにしていました。水族館、動物園、博物館、学校ではなかなか触れられないものを見せて、興味を持ってもらいたい。「学ぶ」、「知る」というのは楽しいことなんだと思ってもらいたい。そういう気持ちで、いろいろな場所に連れて行きました。(写真p25〜)

しかし、その1日を「楽しい1日」として終わらせるためには、元を取ろうとしたらダメなのです。子どもが楽しいと思っているところで帰らないとダメで、子どもが「帰りたい」と言ったら、それがまだ午後1時であっても帰らないと、子どもにとって楽しい1日として刻まれないのです。

子どもを観察していると、脳が疲れてくるとだんだん集中力が落ちることがわかるようになります。その場合、車に戻って昼寝をさせるとか、ゲーム機を持ってきているならゲームをさ

せるとか、そういう気分転換である程度は疲労を回復できる場合もあります。しかし、息子の場合は車では疲労も取れないし、レストランやカフェで「休む」という感覚がないため、「お昼でも食べて休もうか」と言っても彼にとっては「休む」ことにならないのです。

車に戻って1時間くらい寝かせてみても、結局「帰りたい」というので家に帰るということがほとんどです。「楽しい1日」を作るためには、朝からディズニーランドに行っても午前中で帰るという決断が必要になります。ディズニーランドはそんなに行きたがらなかったので助かったというのが本音ですが、動物園も水族館も、全部回りきれていなくても本人が帰りたいと言ったら帰るようにしていました。「入園料を払っているのにもったいない」「元が取れない」という発想さえ捨てれば、「何回でも行けばいいや」と思えます。実際、同じ動物園、同じ水族館、同じ博物館に何度も足を運んで、「前回ここは見たけどあっちは見ていないから、今日はあっちから見よう」と誘ったりしながら、少しずつ一つの施設を制覇していけばいいと思っています。そういう発想でいる方が親にとっても子どもにとっても楽しい1日になり、ストレスも軽減されます。

類は学校の勉強には全然興味がなく、成績も悪いままでしたが、博物館や水族館、動物園に繰り返し連れて行って「楽しい」と感じる経験を多く持たせることによって子どもの好奇心は膨らんでいきます。類は博物館に行くとキラキラした石が見たいと言うことが多く、鉱物系の展示が充実しているロンドンの自然史博物館は大喜びでしたし、今まで何度も繰り返し足を運んでいます。

展示を熱心に見ているかというと、私の目にはそうは見えません。ひとつひとつの展示物に細かい説明がきちんとあるのだから「もっとちゃんと読みなさいよ」と、声をかけることも多く、どこまで理解しているのかも怪しい。ちゃんと頭に入っていないのだろうなとしか見えないのですが、これは楽しいようだというのは繰り返し一緒に出かけているとだんだんわかってきます。だから、「いろんな博物館に行っても頭には入っていないのだろうなあ、まあいいや」くらいの緩い感覚で連れて行っていました。

ある時、ワシントンDCにあるスミソニアン博物館でホープ・ダイアモンドが見たいというので、連れて行ったことがあります。私にしてみれば、「巨大ダイアモンドなんて見ても、なにが楽しいのかねぇ」という感覚です。「ああやっぱデカいな、買ったらいくらだろう。エリザベス女王とか石油王クラスじゃないと買えないよなー」みたいなくだらないことしか考えないのですが、類はホープ・ダイアモンドを見ながら、この大きさのダイアモンドがどうして珍しいのか、何がすごいのかについて突然私に説明しはじめて、その時はとても驚きました。天然石の基本的な概念が頭に入っているからホープ・ダイアモンドを見てみたいという気持ちになり、それを見てその価値をきちんと説明できる。ふだんの博物館の展示物を見る姿勢から、そんなに学んでいるように見えなくても、頭に入るものは入るのだなと感心しました。

ホープ・ダイアモンドを自分の目で見たという経験は、本人にとってとても楽しいことだったようで、学校のクラスメイトにも、ホープ・ダイアモンドを含めた鉱物の知識を話していたようですが、学校で習う内容ではないし、共通の話題にはなりません。興味も持ってくれないし、「すごいね」とも言われない。しかも、学校の成績が上がるわけでもない。だけど本人にとってはそこに自分の興味があり、その知識を得た満足感があり、実際に見に行ったという体験がある。学校の成績には反映されなくても、誰からも褒められなくても、そうした体験は子どもにとって大切なものだと思っています。

博物館と同様に、動物園と水族館も大好きでよく通っていましたが、中学生くらいの頃に一緒に動物園に行った際、「将来は俳優になりたいけど、もしもそっちの道に進めなかったら、動物が好きだから動物に関わる仕事をしたいな」と言ったことがあります。「海洋生物ではなくて動物、鉱物研究じゃなくて動物なのね。動物に関わる仕事といっても幅広くたくさんあるから、少しずつ考えていくといいよ」と、その時は返答しました。好きだったのは鉱物なのでは？　と思いましたが仕事にするイメージは子どもには持ちにくかったのかもしれません。

子どもが将来どんな道で食べていくのか。発達障害児に関しては、まずは適性や本人のモチベーションなどが重要です。一生食べていける職業だろうからと、本人が公務員になりたいと思っていないのに、公務員試験の勉強をさせるのは無理ですし、きっとなれません。親が代わりに頑張ることができないのが子どもの人生。子ども本人が頑張りたいと思うものを見つける手助けをするしかないのです。

発達障害のある子は小さいころから成功体験を持てないことが多いので、人に誇れるものを持ちにくく、そもそも「これがやりたい」というものを見つけることが難しいかもしれません。

得意であるとか、才能があるという視点で見ると難しいかもしれませんが、「向き・不向き」という面では我が子の個性はだいたいわかるのではないでしょうか？　うちの場合は結局は消去法でした。どう見ても勉強は嫌いなようだ。集団生活も向いていない。となると会社員は無理そうだから…という具合です。

そんななかで、本人が11歳の頃、「俳優をやりたい」と言い出しました。「向き・不向き」でいうと、それは類に「向いている」と私は感じたので、応援しよう！　と決めたのです。

子どもと親は別の個性を持った人間だと理解する

発達障害は遺伝性も強いといわれますが、我が家は息子が診断された際に、私も同時に診断されました。日本では子ども本人の診断を受けた際に、直接の患者ではない親に対して「でもアナタもそうですね」と、指摘する医師は少ないでしょう。だから、医師が直接「アナタもですけどね」と言わない限りは「親である自分は、その傾向はあるかもしれないけど、診断されたわけではないから」で止まっている人が多いのではないでしょうか。

親が診断されている、いないにかかわらず、発達障害であるかどうかにかかわらず、多くの人には生活のこだわりがあります。たいして綺麗好きでもないのに、テーブルにグラスを置いて跡がつくのがすごく気になるからコースターを必ず使うとか、几帳面な性格でもないくせに財布に入れるお札の向きは必ず上下正しくないと入れ直すとか、「こういうことは全然気にならないけど、これはこうしないと気になる」みたいなこだわりは多くの人が持っています。

発達障害者はそれが特に強かったり融通がきかなかったりしますが、誰にでもこだわりはあり、それが家族という単位のなかでは、しばしストレスの根源になりえます。夫婦という単位でも、親子という単位でもそうですが、自分と違う人間は自分と違う部分にこだわり、自分がこだわる部分をどうでもいいと思っていたりします。そして自分がこだわる部分は大概、自分が簡単にできること、得意なこと、苦にならないことであり、自分にとってどうでもいいことは、自分が苦手なこと、興味のないこと、好きではないことだったりします。それが家族間で違うから揉めたりします。

揉めごとは自分ができること、気になることを、他の家族がやってくれないことに対して不満を言うことから始まります。自分のことを棚に上げて文句を言うことを、私達はしょっちゅうやらかしているのではないでしょうか。

発達障害だと診断された際、教育委員会での会議で「あなたは小さいころ勉強もできて要領もよい、頭の回転も速くて、何でも他人より早くできる子、いわゆるできのいい子だといわれて育ってきたタイプでしょう。だけど発達障害というのは、ひとりひとりの特性が違います。あなたの息子さんはあなたと同じタイプではないのはわかりますね？　あなたは自分が子どもの頃、何の苦労もなくできたことが、どうして息子さんにはできないんだろうと理解できないかもしれない。不思議でしょうがないでしょうね。だけどそう思った時は、子どもの頃に自分ができなかったことをたくさん思い浮かべてください。そして、自分ができなかったことで息子さんができていることを、ひとつでも多く見つけてあげてください。そうすれば『なんでこんなこともできないの？』という気持ちがしずまり、子どもを褒めてあげられるようになります」と言われました。

その言葉は、私にとって一生忘れることのできない大切な言葉となりました。「親子なのだから」「家族なのだから」という、個と個の境目を曖昧にするような感覚は、時として自分を甘やかし、相手に負担をかけます。「自分と子どもは別々の個性を持った人間であり、私にできないことを彼はたくさんやっている」と、常に考えることで、子どもを尊重し、心から褒めてあげられるようになります。もちろん、腹が立つこともたくさんありますし、喧嘩も説教も毎日のようにしています。

しかし「私はコイツにはかなわない」と思える彼のいい部分をたくさん見つけています。類は人に対して嫉妬心を持たないから、うらやんだりひがんだりしません。だから、自分より上の人にも自然に構えることなく接することができます。もちろん後輩に対しても、誰と接するときにも対等で、ぞんざいにも卑屈にもなりません。また、常に穏やかなのも見習いたいところだと思っています。

そういう風に私が感じていることもわかっているから、ただ口うるさく説教しているだけではないのは伝わっているし、尊敬の念を持って接しているのも理解してくれています。これは家族間で忘れてはいけない大切なことだと思っています。

時間を逆算することを教える。遅刻癖の回避

日本人はとにかく時間にうるさい民族です。正直こんなに時間にうるさい国は欧米諸国ではきっとないのではないかと思います。とにかく時間にセンシティヴで、例えば私が仕事に5分遅刻した場合、日本人に謝る態度と外国人に謝る態度は、意識的に変える必要を感じるほどです。もし日本人に謝るのと同じテンションで外国人に謝ると、「この遅刻によって、今後の私達にどんな不利益が待ち構えているのと、彼女はこれから説明するつもりなのだろう⁉」くらいの衝撃が走り、かえって「なにごとか？」と、驚かせることになるのです。なので、欧米人には欧米並みのテンションで謝るようにしています。

それくらい時間に関する常識は国によって違いますが、日本は遅刻はしてはいけないとの意識がとても強い国です。それを自覚しなくては社会で生きていくのが難しく、発達障害者にとって遅刻癖を回避するのは大きな課題です。先を読んで行動するのが苦手で、うっかりが多いため、忘れ物に気づいて家に取りに戻るという行動を繰り返し、早めの行動をしていても結果としてギリギリ、最悪は遅刻になります。

学校という社会での遅刻回避は、慣れれば回避しやすいものだったと今は思います。特に日本の学校は、他人の行動に子どもが干渉しがちで、それを教師や親が咎めないまま育っていくので、毎日遅刻をしていると「また遅刻かよー」と、いちいち干渉してくる子どもが必ずいま

す。すると嫌な気分になるし、余計な口は挟まれたくない。息子もそれがストレスになると私に言ってきたことがあります。でも、「だったら、遅刻しなければ言われないよ」と、あえて正論で切り返し、本人に「遅刻をしてはいけないんだ」という危機感を持たせました。

これがアメリカの小学校だと、誰も文句は言いません。「また遅刻かよー」と、誰かが言おうものなら、教師なり保護者なり、それを見ていた大人が注意します。「遅刻はあなたには関係のないことでしょう。あなたが口を挟むべきではない」と注意するので、小学校低学年の時点で、他人に余計な干渉をする子どもはほぼいなくなります。

そもそも他人の行動に口を挟むのは幼稚な行為であるのは確かです。学校に遅刻して誰の不利益になるのかといったら、それは遅刻した本人であり他の生徒には関係がなく、そもそも同じ生徒という立場の子どもが非難するのもおかしな話。だから、息子から「遅刻したとからかわれると、ストレスになる」と言われたら、からかう子の幼稚な行為を指摘するのが本来だとは思いますが、日本ではそれは常識ではない。しかも、他人に干渉する子どもがそのまま他人に干渉する大人になる国なので、「他人に干渉するのは幼稚な行為だ」という正論を開陳してもなんのタシにもならないのです。それよりも現実的な対処法は「遅刻しなければ、言われなくなる」です。

時間にうるさい日本という国で暮らしていくなら、避けて通れないことです。むしろ日本ではそうやって干渉してくる子がいるであろうことも、言われるのがストレスになると言い出すところも容易に予測できました。そして、「言われないためには、遅刻をしないようにしよう」

という発想に移行するのが、いちばん遅刻を減らすのに必要なモチベーションです。

米国の小学校にだけ通っていたら、「もう時間がないよ、遅刻だよ」と急がしても、急ごうとしない、走れと言っても走らない。走ったり急いだりしたところで1分程度の差もでない、そんなことにどんな意味があるのかと考えるのがアメリカ人の発想です。

よくも悪くもアメリカに引っ越してすぐにアメリカナイズされた子どもになったので、日本の習慣を体感し忘れないでほしいというねらいで帰国した際には日本の学校に通わせていたわけですが、小さい頃から日本の学校に通ったおかげで、「遅刻はいけない」という意識が刷り込まれたと思います。


学校に遅刻しない秘訣は、毎日早く寝て早く起きることです。これはいたってシンプルな話です。アメリカの学校のケースワーカーや担任からも「規則正しい生活を」と言われていたので、毎日なにがあっても夜9時には寝かせていました。9時に寝るとその日どんなに疲れていても、翌朝は6時には起きます。毎日夜9時に寝ても朝どうしても8時近くまで起きられないなんてことは、どんな子でもまずないでしょう。もしそうなのであれば、寝る時間を8時にするとか7時にするとか、早めればいいのです。とにかく早く寝て、早く起きる。毎日同じ時間に寝る。これは本人の努力というより、親が環境を整える方が大変でした。9時に寝かせるためには、毎日私のスケジュールから時間を逆算して、その日のスケジュールを立てるしかありません。休みの日でも平日でも、私が忙しい日でもそうでなくても、誰か来客があっても、どこかへ遠出をしても、とにかく夜9時に寝るために、朝から全てを決めていました。

例えばNYでの通常の一日は、平日夕方6時に学童保育が終わり、その時間に迎えに行って一緒に帰宅し、6時から9時までの間に夕飯を食べてお風呂に入って、宿題をやって寝るしたくをしてベッドに入るわけです。帰宅して3時間でそれをすべて済ませるのは、慣れるまでは私が大変でした。夕飯の下ごしらえは朝のうちにやっておき、帰宅後20分程度で出せるように夕飯を作って、その横で宿題をさせる。一緒に夕飯を食べて、おなかが落ち着いたらお風呂に入る。それでもう8時くらいです。それから少しTVを観たらもう寝る時間。翌日の準備をして、夜はあっと言う間です。それでもとにかく9時には寝かせる。観たいTV番組は全て録画する習慣がその時点でつきました。録画したものの中から空いた時間に観る。9時まであと何分あるから、じゃあこの番組をという選び方です。

ゲームは朝だけと決めていました。朝起きてから学校に行くまでは好きなだけゲームをやっていい。その代わり夜はやらない。TV番組も観たいものはいくらでも録画していいし、朝は好きなだけ観ていい。だけど夜は9時には絶対寝ないとダメ。その条件であれば子どもにとって厳しすぎるということもなく、夜は必ず同じ時間に眠くなるようになります。そして同じ時間に早く起きるようになるので遅刻はしないですみます。

毎日同じ時間に寝かせるために、親は朝から全てを逆算して行動しないといけないのでかなりキツいのですが、早寝早起きと規則正しい生活は情緒の安定と発達に非常に重要です。成長ホルモンが分泌される夜10時から深夜2時までは、必ず寝ていないといけない。10時に熟睡しているためには、9時には寝かせないと間に合わないと、かなり厳しくケースワーカーや担任から言われました。確かに、情緒の安定と充分な睡眠による集中力低下を防ぐのを考えたら何よりも優先するべき事でしたし、早寝早起きをしていれば遅刻は確実に回避出来るのです。

最近の日本の小学生は、塾から帰宅するのが9時を過ぎるなんてことも多いようですが、発達障害児はどんなに成績が悪くても塾より睡眠。早寝早起きを優先させる方が、長い目で見ると子どもへの好影響は大きいと思います。9時に寝かせられないような塾やお稽古事は再検討してみてもいいのではないでしょうか。

学校生活については、ほとんど遅刻することなく通っていました。高校生になっても習慣で夜9時には寝ていましたし、高校時代にTVの仕事が増えてからも、18歳未満は夜10時以降の就労はできないから10時までで仕事を終えて帰ってきますし、もっと早く帰れた日は9時には眠くなって寝ていました。

しかし学校以外の、中学校以降に増えたモデルの仕事での撮影や、高校以降始まったTVや映画の撮影などのように、毎日違う時間、違う場所へ行く仕事での遅刻の回避はなかなか難しかったです。前日に持って行くものを用意するように横で監視していても、出かけてから「◯◯忘れてた」と、取りに戻ってくることが多く、早めに出たつもりでも道に迷ったりして今でも5分10分の遅刻はよくあります。5分10分でも日本の社会では大問題だというのは本人もわかっていますし、遅刻をゼロにする努力はしています。前日のうちにNAVITIMEで現地到着時間から逆算した電車のルートと時間、地図を確認していますし、持ち物もいつも必要なものはふだん使うカバンに入れっぱなしにしておく（出し入れすると忘れ物が増える）、タオルや傘などを持って出るのを忘れたら取りに戻らずにコンビニで買えばいいと頭を切り替える。その結果、ウエットティッシュやビニール傘が家にいくつもたまっていくなどの弊害はもちろんあります。しかし、遅刻と忘れ物を天秤にかけてどっちを取るかの判断をする時に、遅刻をしないことを優先する（その結果、忘れ物は増えたとしても）ことで、遅刻を減らしている状況です。

過保護な親と思われても、子どもの幸せを優先する

発達障害児の子育ては、周囲に理解されにくいことがとても多いです。自分の子どもにとってプラスになるであろうやり方が、定型発達の子の子育てでは主流ではない変化球的なやり方であることも多く、子どもに無理のない範囲で継続的に努力をさせるのを主眼にしているので他者からは甘やかしているように見えることも多いでしょう。それに関して説明しても、言い訳をしているように見られるばかりで理解を深めてくれる人はほぼいません。特に当事者本人や、その家族と日々接している人ほど、親も子どもも努力しているように見えないとか努力が足りないという引き算的な目線で見てくる傾向がありました。

そして自分の子どものいい部分、得意な部分が他人から見て「すごいね」と言われることも

あまりありません。子育てをする親も、育つ本人も、褒められないと、気持ち的に「報われない」と感じます。それはきっと誰でもそうです。褒めて伸ばすのは大切なのです。それは、子どもにとっても、親にとってもです。発達障害の子ども達は「◯◯くんすごいねー」とか「◯◯ちゃん、いいねー」など、他人から褒められたり羨ましがられたりする場面はあまりないまま育っていきます。そして育てる親の方も、他の親から見て「すごいわね、頑張ってて」「見習わなきゃ」なんて言われることはまずないままです。逆に「もうちょっと◯◯した方がいいんじゃないかしら？」と、善意のダメ出しを受けながら子育てを続けていくことになります。

圧倒的多数派であるはずの定型発達者の価値観に自分や子どもを合わせようとしても、消耗していくだけで、いいことなんてひとつもありません。子育ては長く続く道のりです。親としての法的責任は20歳、一般的な子どもとの分離は、18歳の高校卒業後や22歳の大学卒業時にタイミングがくる家庭が多いでしょうが、それはあくまで定型発達者の話です。

発達障害者の「子育て」は、「30歳くらいまでになんとかなっていればよしとしよう」でいいと思っています。他人よりも何かができるようになるのがものすごく遅いという場面が小さい頃からたくさんあったのですから、成人するのも10年くらい遅いんだろうなと構えた方が、道のりは他の家庭より長くなっても気楽に続けていけるようになります。子どもが小さい頃は「このままできないことだらけで成人してしまうのだろうか？」と、成人するまでというタイムリミットを見据えて時間と格闘しているような気分でした。でも、10年前にできなかったことで今はできていることがたくさんあります。きっと、今できていないこともこの先のんびり続けていけば、10年先にはできているかもしれないと思いつつ日々の生活を続けています。

息子が小さい頃は、周囲の理解が得られず腹が立つことも多かったし、毎日が外界との闘いみたいな気分で、我ながら心が荒んでるなあと実感することもよくありました。理解されないからこそ、「くそぅ、今はお前がそう思っていても、20年後に笑うのは私だ」みたいな、心の闇も深くなりました(笑)。愚痴りたくても真意が理解されないだろうなあと思うので、身近な相手にも愚痴ることさえ気軽にできません。

だからこそ、高橋先生という信頼できる主治医がいてくれたことで救われた場面がどれだけあったことか。高橋先生の前では安心して愚痴ることもできましたし、客観的な視点で私の子育てを見て、意見を言ってもらえる。身内ではない第三者の視点だからこそ、自分のやり方が間違っていないと自信を持てるようになり、主治医から同意してもらえるからこそ、一人よがりや自己満足の子育てではないと安心できるのです。

「20年後に笑うのは私だ」と思った真意は、私は子どもにとってベストの選択をしているという自負です。私は信念を持って子育てをしている。他のみんながこうしているからとか、普通ならこうだからという尺度ではなく、自分の頭で考えて、自分の子どもにとって、必要なものはなんなのかを選択している。決して流されはしないというブレない心です。

子どもに将来どうなってほしいのか。それはただ一つ。「幸せになってほしい」です。私の願いはいたってシンプルなものであり、有名人になってほしいとか、高額所得を得てほしいとか、他人から尊敬される人になってほしいとか、成功者になってほしいということではありません。ただ、本人が日々の生活に不満もなく、好きな仕事や趣味を続けて、幸せを感じられればいいと思っています。

そして「大人になった時に幸せになってほしい」だけではなく、小さい頃から日々の生活が楽しく思える、幸せに思えることが大事だと思うのです。ブレないのは難しいことだけど、実はいちばん大切なことです。舵取りをしていく親の進む方向がきちんと定まっていなければ、子どもは混乱します。そして、方向性が揺らいだら、信頼が揺らぐ危険性だってあります。親の言うことが本音と建前とで違ったり、教師と面と向かってきちんと議論しないでハイハイ言うのに、家に帰ってきてから子どもの前で教師の文句を言ったり、その時の気分で言うことが違えば、子どもは親を信じられなくなるかもしれません。

周囲に流されず、常に自分のなかの整合性を保つ努力をするのは簡単なことではありません。しかし、ブレずに一方向に向かうことは何より子どもに安心感を与え、信頼関係を強固にしていくのです。

本人が興味を持ち、得意なことを伸ばす努力を惜しまない

子ども本人が頑張りたいもの、楽しいと思うもの、興味を持つものが、必ずしも親にとって

歓迎できるものとは限りません。類は博物館や動物園に繰り返し通って楽しんでいましたが、子ども本人が放っておいても勝手に興味を持つものは、また別にあります。我が家の場合はゲームでした。親の目線から見ると、ゲームやアニメにハマることは、あまりうれしいことではないかもしれません。「もっと違うものに興味を持ってくれたら」と思うのが正直なところでしょう。私もゲーム好きではないので、息子と話していても詳しくなることがないままです。しかし、子どもが自分から興味を持って好きになったものは否定すべきではないし、「もっとこういうものを」と、親の好みを押し付けるべきでもないと思っています。

もしゲームが好きなら、それを通して何が学べるのかを親の立場で考えてあげるのも子どもの可能性を広げるきっかけになります。今のゲームの映像水準を見ると、ゲーム・クリエイターだけでなく、映画のCGやVFX等のビジュアル・エフェクトの分野、音響や音楽の分野に興味が発展する可能性もあります。ゲームを攻略していくうえで思考力を鍛えたり、リサーチ力を高めて知識を増やしたりするのは、学校の勉強にも応用できます。

成功体験が少ない発達障害児にとって、「コツコツやっていくと、こんなにできるようになる」と納得できる成功体験が他にないのであれば、ゲームでもいいと思うのです。囲碁将棋やチェスならやらせたいという親は少なくないと思いますが、なぜポケモンじゃダメなのか。それは親の先入観と、現代のゲームに関する知識の乏しさや、現代ポップカルチャーへの無関心が、そこにある可能性を見つけるのを阻害しているかもしれません。

TV番組の仕事で、類がふだん実際に使っているゲーム機でポケモン対戦をする場面がありました。Twitter上では類が使ったそれほど強くないはずのポケモンが、強いポケモンを倒したことで驚いた人、喜んでいた人、戦略に関して感心した人、何手か先まで読んでゲームを進めた類の判断力を褒めた人、さまざまでした。それらの反応を読んで、それまで私が考えていたよりも非常に複雑で奥行きのあるゲームなのだと知ることになりました。

私自身はポケモンに関する知識はほとんどないですし、一緒にアニメ版を見ているわけでもないです。ただ小学生の頃から、新しいゲームソフトが発売になる際に「どうしてそのポケモンのソフトがほしいのか」について、私にプレゼンさせてきたので、なんとなく聞いた話があるという程度です。しかもその聞いた話はほぼ忘れています(笑)。TV番組での対戦に関しては、本人的に事前のリサーチや研究をかなり真剣にやったらしいです。そして、「仕事の下準備って大事っていうか、やればやっただけ結果として出るんだなと思った」と、「お前今さら、なに言ってるんだよ!」とツッコミたくなる感想を述べていたのですが、本人にとってひとつの成功体験として刻まれたようなので、私としても喜ばしく思っています。

ポケモンにハマってから10年以上になりますが、こうして本人なりの成功体験に結びつくまでに至ったわけです。10年前には考えていなかったことですが、何かを続けることで得られる結果は、いつ得られるのかわかりません。スポーツでも、勉強でも、仕事でもそうですが、ゲームやアニメじゃ何も得られないとは限らない。何も生み出さないとは限らないわけです。

しかし一点だけ気をつけるべきなのは、発達障害者に多いのが、ひとつのものに深くハマり、他のものに興味を示さなくなるようなハマり方をすることです。人生は長いのです。そのひとつのものがなくなったらどうしようみたいなハマり方は危ういのです。例えば大人になった時に、仕事ばかりしていて趣味らしい趣味がない人が仕事がうまくいかなくなった途端に精神的に破綻しやすくなったり、スポーツ系の部活ばかりやっていた子が怪我をして続けられなくなった時に、次の目標にシフトできなかったりすることがあります。また、勉強ばかりしていた子が受験に成功して大学に入ったら、遊び方がわかっていないから突然タガが外れたように遊び始めるなど、ひとつのことにだけのめりこむ生活というのは一瞬でバランスを崩します。

何かにハマりやすい、のめり込みやすい気質を持つ発達障害者こそ、広く浅くいろんなことに触れさせるようにしておいた方がいいのです。「ゲーム（アニメ）じゃなくて、もっと本を読んでよ」ではなく、「ゲーム（アニメ）もいいけど、本も読もうね。映画も見ようね。外にも遊びに行こうね」でいいのです。押し付けるのではなく、可能性を増やそうという考え方です。趣味がたくさんある方が、人との会話も増えやすくなります。友達も作りやすくなります。類もゲームの話で盛り上がる友達もいれば映画の話で盛り上がる友達もいて、音楽の話で盛り上がる友達もまた別にいます。趣味の幅が広がればそれだけ友達も増える可能性があるのです。

本人が痛い思いをして気づくまで待つ

日本で生活していると、受験という壁にかならず突き当たります。ほとんどの子どもは少なくとも高校受験を経験し、なるべく大学も進学させたいという家庭が多い世の中で、大学受験という問題も出てきます。首都圏では、高校よりも前に中学受験をめざす家庭が増加するいっぽうで、小学生のうちから塾通いはあたり前、中学受験をしなくても高校受験のために中学生はほぼみんな塾通いをしているようです。

しかし1対1で教わるなら、まだなんとかかろうじて頭に入ってくるけれど、集団の中での学びが苦手で、授業中きちんと前を向いて静かに座って授業を聞いている、授業態度はとてもいいと褒められてきたけど全く勉強が身につかず、常に成績が底辺をさまよってきた息子にとって、受験は大きな壁になりました。

塾通いに膨大な時間と資金を投入したくないと子どもが小さい頃から思っていたので、帰国子女枠で将来受験できるようにしようというのも海外に連れて行った理由のひとつでした。

帰国子女枠であれば、一発勝負の筆記試験は免除されて、面接と作文だけ。あとは学校から提出される成績表で判断されるので、学校にちゃんと通って、真面目に授業を聞いて、宿題をきちんと提出して、定期テストで人並み程度の成績であれば入れる学校がいくつもあります。

だから類には、「学校が終わった後もわざわざ塾で勉強する必要はない。子ども時代はそんなに忙しい生活をする必要はない。そのための環境は私が整えたのだから、あとは毎日の生活のなかで勉強を最低限、人並みの成績が取れる程度はやってね」と、帰国後ずっと言い続けてきました。しかし、中学校3年間の成績は散々で、帰国子女枠で受験した私立校も落ちましたし、都立も落ちました。

一時はこのまま中卒か中学浪人かという話にもなりましたが、本人はことの重大さを理解しておらず、「中学浪人してまた次に受けるよ。それが恥ずかしいことだとは思わないし、覚悟はできている。僕は僕なりに頑張るから」と、ピントのズレた綺麗事を言い出す始末で、その時は心から「コイツは痛い目を見ないと本当にわからないヤツだな」と思い、そこまで追い込んでやろうかと一瞬考えました。そもそも「恥ずかしいことだと思わない」のはおかしいわけです。

人並みに勉強していれば、そんなことにならなかったはずなのに。人の何倍も努力しろという話ではなく、人並みにやるべきことさえロクにやらない自分の怠惰は恥ずべきなのです。「覚悟はできている」って、そもそも受験のために努力をする覚悟をするべきであって、落ちた自分を認める覚悟なんて誰も求めていないのです。

自分の立たされている状況を理解していないし、反省もしていない。このまま放っておいたら、やりたいことをやりたい時だけ、気が向いた時だけやる子になってしまう。しかし、世の中に出たら、やりたくなくてもやらなければいけないことがたくさん出てきます。そのことについて危機感を持ってほしくて「お前が言っていることが、どれだけピントがズレていて、ロクでもないのか」については、延々と、それこそ数年にわたって、ことあるごとに引き合いに出して説教をしています。高橋先生には「そこはあまり突かない方が……」と、何度かたしなめられましたし、私が逆の立場だったら過去の失敗を正論でガンガン詰めてこられるのは嫌だと思います。でも、反省する時は心から人並み以上に極端に反省するタイプなわりに、記憶として留めておけない性質なのだから、一度や二度本気で詰めたところで、本人には響かないのです。

結局、高校は通信制だけど通学型の高校になんとか合格できましたが、高校に入った途端にまた成績は底辺です。「お前は覚悟ができているんじゃなかったのか。頑張るって言っていたのは、いったいなんだったのか」と、腹も立ちますし、いっそのこと高校に進学させずに、1年くらいメンタルを削られる生活をさせればよかったのか？　とも思いました。かわいそうだとは思いますが、痛い思いをしないと、いくら言葉を尽くして「こうするとこうなるよ。痛い思いをするよ」と、説明しても、実際に転んで痛い思いをするまで「痛い」が想像できないのです。だったら実際に痛い思いをさせるしかないと親としては思うのです。

だから、高校受験の失敗はもう忘れたい、忘れたいというよりも忘れてしまう性質の息子だからこそ、ことあるごとに引き合いに出してネチネチ説教するのです。

受験の失敗は、それまでの息子の抱える問題点を全て凝縮したような失敗でした。人の何倍も努力する必要はなく、日々こなさなければいけないことを最低限コツコツ積み上げているだけで社会生活がきちんと送れるはず。しかし、その最低限の努力さえ怠る。他人と比較されるのを嫌い、自分は自分だという意識を持つのは結構なことだが、誰よりも成績が悪いことに全く危機感を持たず、もう少し頑張ろうというモチベーションも持てない。定期テストの前に一夜漬けで勉強することさえなく、どんなに悪い成績でも気にしない、成績を上げる努力をしない。しかし、社会に出たら、自分の都合のいいように好きなことと得意なことだけで自分を評価してくれるシステムなんてないのです。

礼儀正しい、授業態度がいい、他人と平等に接していて、いつも穏やかだと褒められても、成績表の評価は1や2なのです。それは社会に出ても一緒です。好きな仕事に就いたとしても、面白くないこと、興味のないことをこなさないといけない場面は多い。そんななかで、今のままでやっていけるのかというと、確実に無理と言いきれる。だから最低限、みんなが乗り越える壁である「受験」という、つまらなくて何の足しにもならなそうに見える壁を、乗り越える経験をきちんとさせるべきなのだと、高校受験の失敗で痛感しました。

結局、高校の3年間でも、いい成績は残せませんでした。3年生になる頃から仕事が忙しくなったのも理由のひとつではありますが、1年2年の頃はそんなに忙しくなかったわけで、きちんと努力すれば人並みの成績はとれたはずです。

今の大学受験は、帰国子女枠だけでなく、AO入試で面接と作文のみという受験のスタイルが多くの大学で採用されています。特に英語が得意な帰国子女には、AO入試や帰国子女枠は有利です。しかし、それらの大学は、受験資格で学校の成績（評定平均）が3・0以上と定められていることが多く、3・0以下だったら受験資格もありません。

1年生の終わり、2年生の終わりと、成績表や定期テストの結果を受け取るたびに、「これだと評定平均2・7だから、大学受験できないよ。どうするの？　高校受験であんな失敗したのに、なんでこんな成績とってくるの？」と、詰めまくってきましたが、なかなかエンジンがかかりませんでした。3年生になって、TVの仕事が増え、学校と両立していくなかでやっと、その後の進路を具体的に考えるようになりました。

類は「大学を受験したい」と、自分から言い始めましたが、そのためには2・7しかない評定平均を3・0以上に上げる必要があります。まずは各教科の担当教師に、「どうすれば5をもらえますか？」と、聞きに行けと指示しました。今まで2だったものが、いきなり5にはならないでしょうが、少なくとも「5を取りたい気持ちを持っている」というアピールも必要ですし、担当教師の言うとおりにすれば、成績はそれなりに上がるはずです。

教科担当の教師は、「宿題をきちんとやる」とか「定期テストの範囲は明確に指定しているのだから、その範囲を完璧に覚えてくる」とか、みんなあたり前のことを答えてくれたようです。もともと進学校ではなく、中学校で学校生活になじめずつまずいた子が多い学校でしたから、生徒に対して厳しい先生はいません。むしろ成績が上がるように応援してくれる先生ばかりです。その中で3年時、仕事と両立しながらそれなりに頑張ったようですが、結果は2・9でした。

3・0に届かなかったので、志望校は最初から全滅でした。その時は寝る間もない状況だったわりには、なんとか0・2上げられたことは褒めたものの、「1年2年で頑張らなかったからこのザマなのだよ」とはっきり言いました。「日頃の行いがもう少しよければ希望の大学を受験できた。しかし、受験することさえできない（第一希望は全受験生の資格が3・0以上だった）。悪いのは君だよね」「高校受験でさんざんだったのに、また繰り返してるじゃん。反省してないね」と。本人的にはそれなりに頑張った直後だったので傷ついたと思います。しかし、頑張った直後であっても、その前はズルズルと頑張っていなかったのは事実なので、それは忘れてはいけないのです。

努力の末に結果があることも知らせたい

評定平均3・0が取れず、当初の志望校が全滅したため、大学受験は学校選びからやり直しになりました。準備期間も短かったなか、1校だけ受験して不合格でした。受験勉強は私が横で監視しながらやらせたりしましたが、合格ラインまで持っていくのは短期間では無理なのは最初からわかっていました。でも、「一定の締切日（願書受付締め切り）までの間に、その時間に対してどう効率よく成績を上げるのか」という、誰でも乗り越えてきている努力、そして社会に出たらみんなに課せられる努力を、18年間やってきていないので、プロセスだけは体験してほしいのです。

発達障害者は他人と同じ時間軸の中で、同じだけの成果をあげるのが非常に難しいです。しかし「求められる結果」には、「一定の期間までに」の条件がつくのが、この社会です。別に他人よりも上に行けとは言いません。しかし、一定の時間軸の中で成果を求められる場面で、成果をあげるには効率を考えなければいけない。効率をよくする努力が必要だという視点は体得してもらいたいのです。
それは現在の仕事にも言えることで、「台本のセリフ覚えが悪い（遅い）」と、マネージャーに駄目出しされたと愚痴ることもありました。その時も、「最終的に本番に間に合えばOKではない。セリフ覚えの早さでやる気を測る人もいる。やる気があるならもっと早く覚えろと言われるのも正論だと未だに理解してないの？　だから受験に失敗したんじゃん。効率よく覚える努力してる？　どうすれば効率が上がるのか考えた？　その努力をしない人は努力してないように見えると批判されても仕方ないんじゃないの？」と、いちいち詰めていったこともありました。本人的にはめいっぱい努力しているつもりで少しは愚痴りたいのに、愚痴ったらさらに家族に詰められるというのはかなり追い込まれた気分だったと思います。しかし、そうしないと「痛い」が理解できないのも事実なのです。本人が「今痛い思いをしている」と、理解できないまま通過したら失敗しても何も残らないので、「これは痛いってことなんだよ。わかってる？」と、場面ごとに詰めていくようにしています。傷口に塩を塗りこんででも「痛い」を実感させる必要があると思うからです。

高校受験も大学受験も失敗し、決められた時間軸の中で効率よく吸収していくコツをつかまないまま社会に出てしまった息子は、バラエティ番組にしても、俳優の仕事にしても、いつも効率が悪く、作業効率の向上を考える思考回路ができていませんでした。セリフを覚えるのは、とにかく繰り返すしかないし、覚えるまでやるしかありません。バラエティ番組に関しては、企画書で事前に内容を知らされたら、わからない部分や知らないことをリサーチしたり、どんな内容をしゃべるか頭の中で整理したり、事前の準備は、学校の勉強の手順とかわりません。しかし、学校の勉強を18年間サボってきた息子には、締め切り（収録日）までに効率よくリサーチしたりアイディアをまとめる作業が最初はなかなかできませんでした。最近になってやっと、自分に向いている作業効率のあげ方を考えるようになったり、下準備をすると結果がついてくるという「原因と結果」の関係を発見したようなありさまです。

私自身は学校の勉強が、必ずしも社会に出るのに必要だとは思っていませんし、勉強だけが人間の評価軸ではないのは明らかだと思っています。しかし、「受験勉強をして志望校に合格する」という努力をした末の成功体験は、一度は獲得してほしいと思っているので、「大学は受験して入ってもらうよ」と言い続けています。去年も今年も、受験より仕事で優先的にやらなきゃいけないことが多かったため、受験していませんし、現在は準備も手付かずになっていますが、何年か先になるとしても受験勉強をして受験してもらおうと思っています。

それは学歴がほしいというのとは全く違って、「知識を増やす体験は楽しい」ということを体感してほしいからです。新しいことを知ること、見ること、覚えること、知識として蓄えることが楽しいと思ってほしい。それは、勉強とか成績だけでなく、どんな仕事をする上でも大切なことだと思うからです。

本人が食べていける道を常に探して応援する

息子をモデル事務所に入れたのは、思い出作り程度の軽い気持ちで、赤ちゃんモデルから始めましたが、本人が将来を考え始めたのが、小学校の後半くらいです。「将来は俳優になりたい。それとモデルの仕事も続けていきたい」と言うようになり、俳優として一人立ちしていけるように応援していくことにしました。

俳優になるのだから学歴はどうでもいいと思った事はなく「なるべく大学まで進学して、普通の人と同じ生活を長く続けなさい。俳優が演じる多くの役は、普通の人の役であり、映画を観るのは普通の生活を送る人達。その普通の人達を感動させたいなら、普通の生活を大切にして、その中の幸せを日々感じた方がいいから」と、教えていました。だから、勉強も友達も遊びも、学生時代にみんながするものはなんでもやってみればという姿勢で接してきました。

学校の成績や勉強が生活の最優先ではないし、学歴に左右される道に進むわけではないから、そんなに成績を気にする必要はないというスタンスで育てていました。しかし、そういう話をすると「俳優なんて、将来なれるかどうかもわからないのに（なれる前提で考えてるの？　随分のんきな親だね）」のように、否定的なことを言う人（たいがい息子と同世代の子どもを持つ親）が結構いたので、私としてはその反応が逆に不思議でした。

じゃあウチの息子を見ていて、「普通のサラリーマンになって、定年まで勤め上げられると思うの？　その方がずっとハードル高いと思わないの？　起業するとか、フリーランスで仕事を始めるとか、できると思う？　よっぽどそっちの方が無理じゃない？」と、私からすると思うのです。「俳優になる」というのは、もちろん簡単なことではないのですが、サラリーマンや公務員になるのだって簡単ではないです。

たぶん、否定的なことを言っていた人にとっての俳優のイメージは、テレビドラマや映画の主役級で、誰もが知っている大スター。例えば、木村拓哉さんのような人をイメージしているのでしょう。でも、主役だけが俳優ではないし、テレビドラマだけが俳優の仕事ではありません。舞台やミニシアター系の上映館数の少ない映画の脇役の俳優さん達は、街中を歩いていても誰も気づかないし、「見たことある人」でも名前と顔が一致しないし、有名人ではないけど俳優業で生活している人はたくさんいます。有名人にならなくても、売れている俳優と呼ばれなくても、「俳優業で自分一人くらいはなんとか食べていけるくらいになろうね。30歳くらいまでの間に」というのを目標にするのは決して非現実的なものではありません。

30過ぎてもバイトしながらじゃないと食べていけない場合は、英会話学校の先生のバイトでもやればいいんじゃないのと思っています。そうすれば生活は成り立つでしょう。私は音楽業界でインディーズバンドから大スターまで、さまざまなバンドと関わり、さまざまな形でのビジネスの成立の仕方を見てきているので、「エンターテイメントの世界は、売れなくても食う方法はある」ことがわかっています。「大金を手に入れるために仕事に就くのではなく、自分がやりたいことで自活していくには」という目標を持って、努力していけばいいのです。

結果的に類は17歳の時にテレビ番組に出演して、その後モデルの仕事だけでなく、バラエティ番組の仕事をたくさん頂くことになり、全国的な知名度も急激に上がりました。その結果、映画やテレビドラマでの俳優のお仕事を頂くチャンスもありました。それは私から見ると大きな誤算であり不安でもありました。「30歳くらいまでにはなんとか」と思っていたなか、高校に入って演劇部に入部し、高校演劇に長年携わる熱心な顧問（当時の担任の先生でもありました）の下で部活を始めたとはいえ、お芝居の経験はそれだけで、経験値はゼロに等しいです。劇団や演劇ワークショップなどをこれから受けて勉強していこうと思っていた段階で、俳優としての仕事を頂いても演じるということを直感的に理解できるほど器用ではありません。

きっと器用な人なら、現場で実際に演技をしながらどんどん吸収していって、そのまま波に乗っていけるのでしょうが、類はそういうタイプではないのは親の目から見てわかるのです。だから知名度が上がるのと同時にさまざまなチャンスを頂けても、それをモノにするのは難しいだろうなと早い段階から思っていました。

バラエティ番組が持つ一時的なトレンドの熱というのはいつか冷めます。鉄は熱いうちに打てればそれに越したことはありません。しかし、簡単に打てない鉄なのが発達障害者です。「熱はいつか冷めるよ」と繰り返し言っても、冷めてから「一時的な熱は、冷めるんだ……」と、身をもって知るのです。今は一過性の過熱状態が終わり、熱せられた波で仕事が打ち寄せてくるのではなく、本人の努力と事務所の尽力で、ひとつひとつの仕事をコツコツと積み上げて、認めてもらう努力をしなければいけない時期に来ています。

俳優として身につけなければいけないこと、学ばなければいけないことがたくさんあり、一人前の俳優になるまでにはまだあと何年もかかるだろうなと思いますが、幸い、類のいい部分を認めて引き出してくれる演出家やプロデューサーもいらっしゃいます。出会いも財産であり、宝です。それらを大切にして、「30までには形になるといいね」というスタンスで、初心に戻り、やっと毎日コツコツ積み上げていく努力ができるようになってきたところかもしれません。

情緒面のスキルをサポートする

発達障害の子どもを育てていると、簡単にできるようにならないことがあまりにも多すぎて、取捨選択を迫られます。定型発達の子どもであれば、毎日規則正しく生活をし、礼儀や公共のマナーを教え、集団の中で生活していく方法を学び、学校に入る前から文字の読み書きや算数の勉強から始め、学校で学ぶ速度にもついていけます。さらに、それを向上させるべく塾にも通い、お稽古ごとも日々こなしながら、忙しい毎日を送っても、全部にそこそこの結果を出せるのかもしれません。しかし発達障害者は残念なことに、それら全てをまんべんなくこなすという発想が欠落しています。

発達障害とひとくくりにいっても症状はさまざまで、記憶力が極端にいい子の場合は、たいがい小学校までならほとんど努力しなくても成績はぶっちぎりのトップがとれたりします。耳に入ってくるもの、眼に映るもの、全てを苦もなく覚えていきますから、親からしたら打てば響くように見えて「もっと頑張れば、もっと上に行ける」と思い、つい勉強を最優先にしてしまうでしょう。

そして、類のように記憶力に大きな問題を抱える、短期記憶が弱く、さらに長期記憶に転送するのが困難なタイプは、よくいうと「おっとりした子」に見えて、親としては先が心配で「もっと勉強させなきゃ」と、危機感を抱くケースが多いでしょう。子育ての中で、学校の成績や勉強というのは、なによりも優先されがちですし、実際避けて通れるものでもありません。しかし、幅広くまんべんなくそこそこなせる子どもでないからこそ、あえて勉強の優先順位を落とす必要もあると思うのです。

子どもがいつか成人して、社会に出る時に必要なものは何か。学力や処理能力の高さは当然ひとつの武器になります。しかし、学力や処理能力が高くても人望のない人には周囲が協力せず、成功するものも成功できなくなるという場面は社会の中でたびたび目にする現実です。人間は他者を評価する時に、その能力そのものだけではなく人柄まで含めて評価します。それが感情を持つ人間の評価のしかたです。処理能力は高いけど威丈高で他人を尊重しない人は、ちょっとの失敗ですぐに足をすくわれます。逆に普段から周囲に好かれている人は、多少のミスもカバーしてもらえたり、「天然ちゃんだから、しょうがないねえ」と、大目に見てもらえたりする場面もあります。

いわゆる「キャラ」で、他人から評価されることが社会に出ると多くなります。世の中は白か黒かだけではなくグレーがたくさんあるし、人間は白だけでも黒だけでも魅力がなく、グレーの濃淡があるからこそ面白い。そう考えたら、とにかく他人より秀でることを目指すより、周囲に大事にされる人に育ってもらった方が、親としては安心して社会に送り出せるのです。

私自身が大人になってから発達障害だと診断されましたが、子ども時代を振り返ると明らかにそうだと思えるエピソードが多いため、驚きはしませんでした。子ども時代を振り返ると、なんでもきちんと説明してもらわないと納得できない（理解できない）子だったと思います。逆を言えば、発達障害児は説明をされれば、理解できて、きちんと動けるのです。そして「どう説明するのか」「どの視点で」「どの切り口で」が重要になってきます。

日常の生活の中で、挨拶をするのもお礼を言うのも、「常識だからそうしなさい」と親に言われても、日々遭遇する場面は少しずつ違います。その少しずつ違う場面で、どう行動するかを考えるのは本人の判断です。本人が正しく判断できるように育てるには、「この場合はこうしなさい（ありがとうと言いなさい）」と伝えるのではなく「この時、相手の人があなたにこうしてくれたのは、あなたへの思いやりです。その気持ちに感謝しましょうね」という情緒面での根本を教えるべきです。どう振る舞うべきかだけを教えても、根本的な情緒面が理解できないまま大人になってしまいます。

私自身が、年齢だけ成人しても情緒面では全く育っていなくて、大人になって社会に出てから、自分で必死になって考えて、やっとついていけるようになった経緯があります。あとから慌てて追いつこうと努力しながら、何度も恥をかき、何度も嫌な思いをし、何度も誤解されながら、情緒面で定型発達者に追いつく努力をひとりで続けました。そんな自分を思い返し、子どもには苦労をさせたくない、小さい時から、そこだけはきちんと教えてあげたいと思った時に、私が何を教えるべきで、どう教えるべきなのかがなんとなく見えてきました。


「誰かが何かをしてくれるのは、君への心遣いなんだよ。それだけ周囲に大事にされている、愛されているんだよ。だからそういう人達に感謝しなさい。感謝は言葉にしないと思っているだけでは伝わらない。きちんと伝えることが感謝なんだよ」と、具体的に情緒的な視点で繰り返し教えることによって、自分を中心にものを考えるのではなく、他人を思いやる視点が少しずつ身についてきました。「他人（クラスメイト等）を尊重しなさい」と、ふわっと漠然としたことを言っても、尊重する態度がどういうものかを、具体的に教えないと身につきません。また、なぜ尊重する必要があるのかを教えないと、尊重する意味も理解できません。

「自分がやられたら嫌なことは人に対してしない。怒鳴られたり干渉されたりするのが嫌なら、それは他人に対しては絶対にしないこと。自分がやられても嫌じゃないからという理由で、それを基準に他人に対して何をしていいわけでもない。君は直球でものをズバッと言われても傷つかない、正直に言ってもらった方がいいからという理由で、他人にズバズバものを言うと『余計なお節介だ』と言われる可能性だってある。それも他人への干渉と同じ。自分が嫌じゃなくても相手は嫌かもしれないという視点は常に持つように」と、具体的な指摘を常に繰り返ししています。

そして、失敗した時こそ「それでも大目に見てくれる（許してくれる）○○さんは、心が広いと思うよ。感謝しないとね（見習わないとね）」など、失敗した本人の視点で反省させるだけではなく、相手の立場からの心情を説明することも必ずしていました。他人への共感力が低く、常にマイペースで、自分の発想が中心になってしまうからこそ、常に自分以外の人を意識させる必要があるのです。それは「他人からどう思われるか」という事ではなく「他人がどう感じているか」という視点です。

うちではテレビドラマも一緒に見て、俳優の微妙な表情の変化や仕草についても「なぜだと思う？」と会話をします。類は共感力が低いので、細かい表情の変化の裏にあるストーリーを読み取れないことがあります。そんな時も「この前にこんな展開があったから、今彼はこういう気持ちなんだよ」ということを事細かに説明します。そういうことも知識として積み重ねることで、スキルとして身につき、俳優としての演技につながればいいなと思っています。

子育てはロングラン。あきらめず長い目で見る

私は人と比べることは嫌いだし、そういう子育てはするまいと心に決めていました。だから「〇〇くんみたいになれるように頑張ろう」とか、「どうして〇〇くんみたいにできないの」というようなことは、いっさい言わないようにしてきました。類はよくも悪くも、人と比べないから、嫉妬心を持ったり、人をねたむこともなく育ってきましたが、逆にいうと、それがないことで、何に対してもモチベーションが低いままだったのかもしれないと思っています。

人と比べることはよくない。しかし、健全なレベルでの嫉妬心や危機感がないとモチベーションにならないのだろうと思います。試験のために一夜漬けすることもせず、受験に失敗したのは、まさに、そういうことの結果だったと思っています。

しかし、最近になって、オーディションに落ちるのが悔しいという気持ちが芽生えてきたようです。小さいころは、誰に負けたとか、誰ができているとか、そういうことにすら興味がなかったのが、健全なレベルでの嫉妬心を持てるようになり、そこから他人への興味が持てるように育ってきたと感じます。

仕事を始めると、学生時代よりも人と比べられることが増えるのかもしれません。いろいろな出会いがあり、いろいろな人との接点も増えます。そういう体験が増えたこともあるのか、本人が他人に興味や関心を持つようになり、人間関係が広がってきました。定型発達の子であ

れば、もしかしたら小学校くらいで身につくことなのかもしれませんが、類はゆっくりで、20歳を超えてやっと、そこにたどり着いたのかもしれません。

発達障害のある子を育てていると、「これもできない」「あれもできない」ばかりで、やってもやってもできる気分になれないかもしれません。私も今でこそ、いろいろなエピソードを笑って話せるようになりましたが、渦中にいた時には、胃も痛くなり毛が抜けそうなほどストレスを感じることが多々ありました。

そういう時期も経た今思うのは、子どもの様子を短期スパンでなく、長期スパンで眺めることが大事だということです。この子たちは、確かに人と比べたらできることが少ないのかもしれませんが、1年前の我が子、5年前の我が子と比べたら、できることは格段に増えているはずなのです。類も10年前はできなかったことが、今はずいぶんできることが増えてきました。発達の凸凹は、発達がゆっくりである面もあります。あせらず、長い目で見ることも大事なんだなと、つくづく思います。

そして、できることをたくさんほめることも大事だと思います。できるようになったらほめるのでなく、今できていることをほめるのです。「すごいね」「えらいね」だけでなく、例えば家の手伝いをしてくれたのなら「ありがとう」と感謝の気持ちを伝えることもいいと思います。日々の細かいことに「ありがとう」と伝えることで、互いに気持ちのいい時間となるでしょう。

お子さんが小さいほど、「親が頑張れば子どもを変えられるかも！」と思う人も多いようですが、子育てはとてもとても長い道のりです。保育園に入るまで、小学校に入るまでという短いスパンで考えると、「今を頑張ろう！」と思うのかもしれませんが、子育ては20年、30年と長く続きます。その時に息切れしないように、「頑張りすぎない」ことも大切だと私は思っています。

だから、「この子のために何かをしよう」と考えるだけでなく、「どうすれば20年続けていけるのか？」を見つけることが大事だと思います。この子を変えるために、この1年だけ頑張るのでなく、この子が生きやすく、幸せに生きられるために、毎日できることは何か？を考えるのです。

子育てはロングラン。短距離走のように瞬間的に力を発揮しても、あとが続きません。長期スパンで考えて、無理がないことも大事です。それには、家族が子どものためだけに人生を注ぐこともよくないかなと思います。私は子どもの人生は子どものもので、私の人生は別。子育てをしている間だって、私の人生は停止しているわけじゃないし、私は私の人生を生きると思っていました。だから、意識的に自分の時間を作るようにしましたし、友達や仕事も大事にして、子育ては程よく手を抜いてきました。

でも、類から見れば、子どものために一生懸命やってくれた親だと思ってくれているようです。子どもにとって24時間べったりと一緒にいるのだけが愛情ではないですね。私は類を実家に預けて海外出張にも行ったし、遊びに出かけることもあった。いわゆる一般的ないいお母さん、教育熱心なお母さん像からはかけ離れていたけれど、決して放任主義ではありませんでした。類にとって何が大切で、何が必要かを常に考えて、類の幸せを一番に考えて、一緒にやってきたという自負があります。だから類も、自分が放っておかれたとは思っていません。

大切なのは一般論にしばられず、我が子にとってのベストな方法を見つけていくことかなと思っています。

周囲への理解を促すために

テレビなどで類の発達障害について触れていただけるようになったことで、日本でも発達障害についての正しい理解が広がることを願っています。そして、これから周囲に理解を促すときに注意が必要だと感じています。

まず、一口に発達障害といってもいろいろな状態、ケースがあるので、類にとってよかったことが、発達障害の子、みんなにあてはまるわけではないということです。多動のタイプの子、アスペルガータイプの子、体の使い方の不器用さが目立つ子、特定の分野に学習障害がある子など、発達障害にはいろいろなタイプがあります。そして、それぞれで対処法は違います。だから、類のケースを鵜呑みにしないでほしいと思います。

また、家庭環境もみんな違うので、それぞれのお家でできることを見つけていただきたいと思います。うちは母子家庭でしたが、たまたま仕事の都合もあり、海外で生活することができました。そして、アメリカで診断を受け、早めに支援を受けることができましたが、日本ではまだ同じことができるとも限りません。地域性もあることと思います。なので、各ご家庭でできることを、それぞれで見つけられるといいなと思います。

教育現場への希望としては、結果の平等でなく、機会の平等を与えてほしいと切に思います。近眼の子が眼鏡をかけても文句を言われないのに、耳の聞こえが悪い子が補聴器をつけることが許されるのに、字を読んだり書いたりするのが苦手な子たちが、スマフォやタブレット端末を使うということを許してもらえないのは残念です。電子ツールを使うことで、学習できるのなら、それを認めてほしいのです。決して特別扱いしてほしいといっているのではありません。皆と同じように学習できる機会を与えてほしいと思うのです。

海外では発達障害の子の学習にスマフォやタブレット端末を使うことのメリットがずいぶん浸透してきています。日本でも検討されているようですが、平等主義の強い学校現場に導入されるには、まだまだ時間がかかりそうです。ですが、これからの子どもたちのために、学習のチャンスをいただけることを願っています。

PART 4

彼はなぜ輝く場所をみつけられたのか

Section_2

主治医・高橋猛さん

「早期の診断と適切なケア、
中学時代の葛藤が
『心の体力』を生んだ」

早期の診断とケアで、コミュニケーション能力が育っていた

――先生が栗原類さんにはじめて会った時の印象は？

類くんとお母さんの泉さんが、ニューヨークと日本を行き来していたころ、はじめに医院にいらしたのは泉さんでした。泉さんがご自身の睡眠障害について相談にいらしたのですが、その頃から類くんの話は聞いていていました。

アメリカは幼少期から発達障害の的確な診断をします。保護者が自分で病院を探して、診察を受けないと診断してもらえない日本と違って、アメリカでは幼稚園で支援委員会が立ち上がり、半ば強制的に専門家による診断が実施され、小学校の就学先を検討したり、支援プログラムが組まれるなどして親子を支援します。社会的に支援するシステムが確立しているのです。

類くんはアメリカで診断を受けて、ニューヨークの小学校に通いながら、長期の休みには日本に帰ってきて日本の小学校に通うという生活をしていました。行ったり来たりしている間に、泉さんとメールのやりとりをしながら、どういう対応をすればいいのか、日本に帰ってきたらどうしたらいいのかを相談してきました。

類くんが僕のところへやってきたのは、彼が小学校2年生の時でした。その時のメモが残っ

ています。
・人とのコミュニケーションは苦手
・目は見るけど、おどおどしている
・思いやりがある
・繊細
・知性は高い

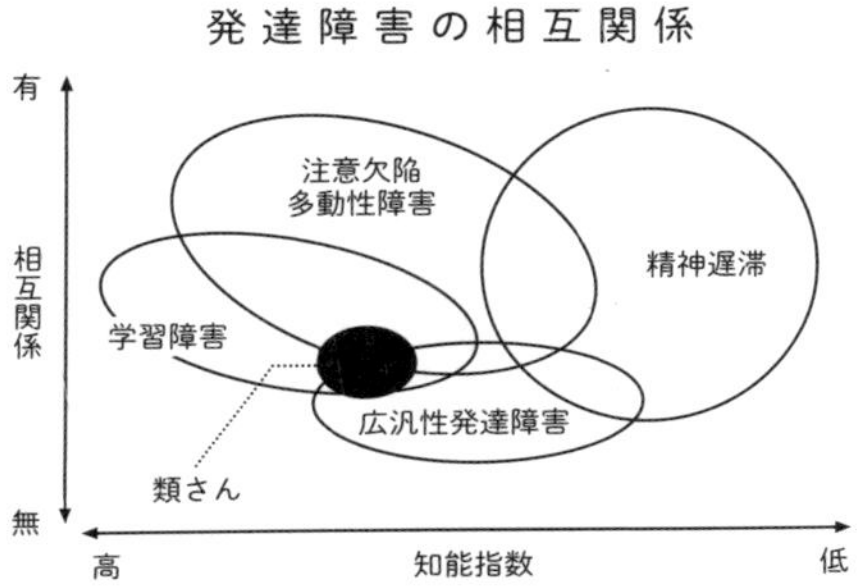

中田洋二郎「子どもの障害をどう受容するか」より。
類さんの位置は高橋先生が作図

発達障害とは、感覚が過敏でこだわりが強い自閉症などの「広汎性発達障害」やじっとしているのが苦手な「注意欠陥多動性障害」などの総称で、生まれながらの脳の機能障害が原因とされています。

泉さんの話によると、類くんは2002年（8歳の時）にDSM－IV－TR（アメリカ精神医学会の精神障害の診断・統計マニュアル）による診断を受けて、ADD（注意欠陥障害）と診断されています。DSMは常に改良が重ねられていて、現在ではDSM－5が使われています。当時のDSM－IV－TRでは、ADHD（注意欠陥多動性障害）と広汎性発達障害の両方があるという診断ができず、当時アメリカで一般的に使用されていたADDと診断されたのでしょう。

しかし現在、発達障害の症状は、いろんな要素が重なり合うように現れることがわかっています。私の初診当時には、類くんの場合は、ADHDが中心ですが、LD（学習障害）も少しあって、広汎性発達障害（アスペルガーも含み、DSM-5では自閉スペクトラム症）の要素もある。精神遅滞はなくて、知能指数は高いという状態でした。（P195の図参照）。

ただ、すでに小さい頃から、泉さんの指導をみっちり受けていたので、僕のところにきた時には、コミュニケーション能力もかなり育っていたし、衝動性もかなり抑えられていました。そういう意味では、早い段階で診断を受けて、ケアができていたのはよかったと思います。

僕は類くんが日本に戻ってから通う小学校の校医でもあったので、彼が日本に戻る前に、学校の先生たちに類くんの状況を説明しました。類くんが日本に戻ってきたのは、日本に発達障害者支援法が制定された翌年のことでした。アメリカなどの諸外国にくらべて40年遅れに、やっと国をあげて発達障害者を支援しようという法律ができたのです。そんな時期だったので、校長や保健の先生はADHDについて勉強していましたが、教頭や担任の先生たちなどは、まだよくわかっていないようすでした。そこで、学校保健委員会なども活用して詳しく説明を行い、教職員たちの理解を促しました。

環境作りは周囲の大人の役割です。類くんの場合、受け入れる側の環境作りはできていたと思います。類くんが日本に戻ってからも、僕は定期的に学校に行くので、学校の中での状況を聞いていました。また、何かあれば、保健の先生から連絡が来るなど、ネットワークができていました。子どもは家庭と地域と教育現場（学校）で育つわけだから、この3つがタッグを組んで、その中で現実的に何をしていけばいいのかを、状況を見ながら相談していきました。

繰り返し注意することで少しずつ失敗を減らした

――発達障害はどのような治療をするのですか？

基本的にはまず十分に話を聞き、その子がどのような症状、状況にあるのかを的確に判断します。そのうえで、日常生活の困難について相談を受けて、アドバイスをします。一口に発達障害といっても、いろいろな症状があり、その程度も人によってさまざまです。類くんの場合、症状が重症ではないということもあり、向精神薬を処方したことはありません。もちろん、薬が悪いという話ではなく、必要な子には処方します。重い自閉症で自傷行為を繰り返すような子や、攻撃性が高くて社会適応ができないような子には、安定剤を服用していただくこともあります。ADDに関してはコンサータ、ストラテラという薬があり、とても有効なことがあります。しかし、類くんの場合は、コンサータ（当時ではリタリン）、ストラテラは必要ないと判断しました。

ただ、類くんには気管支喘息があり、当時、小児科から処方されていた抗アレルギー薬を飲むと、ただでさえ集中力がないのに、さらに眠くなって集中力が落ちると相談を受け、異なる抗アレルギー薬を処方したことはあります。いわゆる抗ヒスタミン剤の第一世代の薬は、アレルギーを抑えるにはいい薬なのですが、どうしても眠くなる副作用があります。生活をしていくうえで、アレルギーを抑えて健康を守ることは第一ではあるものの、学校で眠くならないことも大事ですね。僕はリエゾン精神科医（身体と精神の相互を考慮し治療にあたる精神科医）でもあるので、アレルギーにもいいし、気持ちも落ち着くという薬を処方しました。身体と精神の両面を考え、細かくその子の症状や生活にぴったりの薬を探すのは難しい作業ですが、どうにか当時の類くんに合う薬が見つけられました。

また、母親である泉さんは類くんが小さい頃から、行動を抑制し、的確に細かい説明をしています。これはまさに「行動療法」にあたります。ＡＤＨＤの基本は衝動性にあるので、泉さんは常に「立ち止まって考えなさい。あなたは頭にカッと血が上って怒っているけれど、落ち着いて考えたら、人はそんなふうに考えていないことがわかる」と、繰り返し、繰り返し、それこそ何万回以上繰り返し、話して聞かせたそうです。その繰り返しがあってようやく、今の類くんのように、常にクールに立ち回って「その時、どうしたらいい？」と、考えられるように成長したのです。

（Ｐ93でも出てきますが）泉さんはアメリカで類くんが発達障害の診断を受ける会議が開かれた時に、満場一致で「泉さん、あなたが典型的なＡＤＨＤだ」と言われたそうです。ＡＤＨＤにもいろいろなタイプがあって、泉さんと類くんは、かなり決定的に違う部分があります。まず泉さんは記憶力が優れ、知性と理解力がある。いっぽう類くんは記憶力に問題があるので、いいことも悪いこともすぐに忘れてしまう。だから、類くんの足りない部分を泉さんが言葉でしっかりと説明ができるのです。類くんは失敗したこともすぐ忘れてしまうので、「次は気をつけよう」が定着しにくい。そこを、泉さんが繰り返し忠告することで、少しずつ失敗を減らしてきたのです。

泉さんはアメリカで最初に診断を受けた時に、「お母さんと類くんはぜんぜん違う。自分ができたことを子どもに要求しないで。自分が簡単にできたことを子どもができないことに関して、『なんでできないのだろう？』という疑問を持たないで。逆に自分ができなかったことだけを思い出すようにして」と、言われたそうです。泉さんは、その言葉を聞いて、そのように頑張ったと言っています。発達障害の子を育てる親に対して、一番大切なことを最初に言ってくれたんだなと思います。

類くんにとって、お母さんの泉さんは「外付けハードディスク」みたいな存在です。類くんが人間関係で悩んだり、トラブルを起こした時などに「なんで？」と尋ねると、「それはね……」と、その理由を理路整然と説明してくれる。その繰り返しになっているのです。ふたりが同じ症状だと、補いきれなかったかもしれませんが、その関係がうまくいったことで、類くんがうまくテイクオフできたんだと思います。

9時には寝る習慣で「生活リズム」を整えた

——生活面では、どのようなアドバイスをなさったのですか？

類くん自身がというより、泉さんが心配していたのは、「衝動性」、「すぐ忘れる」、「根気がない」などでした。

衝動性については、先にもあげましたが、トラブルが起こる前に、一度立ち止まって考えることを促しました。「昨日の行動はどうだったか」「自分が○○すると、この後どうなるのか」を、頭の中で反芻させるのです。それだけで、かなりトラブルを回避できます。診察の時にうろうろしたがっても、「ここで5秒考えてからやりなさい」と制し、やりたくなったら、「ちょっと止まってみよう」と話します。とにかく、衝動のままに動くのでなく、必ず「止まる」。一度「やめてみる」ことを徹底的に言い聞かせました。例えば、買い物もすぐに衝動買いするのでなく、一度家に帰ってから考えるとか、家族と相談してから買うとか、「すぐやらない」ことを体の中にインプットするのです。

衝動性は行動だけでなく、言葉にもあります。つまり、思ったことをすぐ口にしてしまって失敗することです。たとえば派手な服装の人を見て「あんなのおかしいね」と、その人に聞こえるように言ってしまうようなことです。社会性を考えず口にしてしまうと、相手が面食らって誤解されて、マイナスの印象になります。そんな時も「口にする前に立ち止まって」「これを言うと、相手がどんな気持ちになるか考えよう」と、口すっぱく泉さんが説明をしていました。

もの忘れに関しては、必ず玄関に持って行くものを置くなど、細々と方法を決めました。よく見えるように玄関に置くのだけど、忘れるということはずっと続いて、ちゃんと持っていけるようになったのは、この1、2年だそうですが、諦めずに続けることが大切です。

根気のなさについては、これが効いたということはありませんが、大切にしてもらったのは、「生活リズムを整える」ことです。泉さんはアメリカにいたころから、類くんを夜9時には寝かせる習慣をつけていたので、心配ありませんでしたが、発達障害のある子にとって、生活リズムはとても大切です。

生活リズムを整えることは、どんな子も、大人にとっても大切なことですが、こと発達障害のある子にとっては、その影響が大きいので気をつけた方がいいのです。睡眠中には成長ホルモンをはじめ、メラトニンやセロトニン、オキシトシンなど、生物として成長に必要なものが分泌されています。発達障害のある子はそれでなくても発達がアンバランスだったり遅れているので、睡眠中のホルモン分泌を妨げるような生活をするのはおすすめできません。夜遅くまでテレビやビデオを見せるとか、ゲームをするのはよくありません。夜遅くまで出かけるのもよくないですね。それらは子どもの睡眠障害を助長したり、発達障害の症状も悪化させる心配があります。

普通の子は多少生活リズムが崩れても、自ら調整する力がありますが、発達障害のある子は調整ができにくい面があるからです。類くんのエピソードの中にも、疲れやすいこと、疲れるとパニックになりやすいというシーンが出てきますが、睡眠不足になると症状はもっと悪くなります。ぐっすり休んで、脳の中が落ち着けば、イライラも減り、衝動性を抑えることにも役立ちます。薬や治療の前に、しっかりと睡眠をとって、食事もちゃんと3食とるなど、基本的生活リズムを守ってあげることがとても大切です。

わからないことをメモし、つまずいている箇所を明確にした

――学習面での遅れには、どんな対応法がありますか？

類くんは、学習障害というか、記憶メモリーの少なさゆえに、記憶を保存できないで次のステップにいけないという面がありました。だから学習は遅れがちで、間違えるところは同じになる。そこで、何につまずいているかがわかれば教えてあげられると思い、どこからどこまでがわかって、どこからわからないのかわかるように、細かくノートをとるように指導しました。

大切なのは細かくやることです。例えば1から100までのプロセスで解ける問題があった場合、12までできていて、13からわからないのか、97まではできていて98からできないのか。わからなくなっているところを細かくメモさせました。健常児ではできて当然だろうと思われる細かな部分でつまずいていることが多いのです。そして、わからなくなったところを具体的に教えてあげると、次のステップに進めるようになり、1年くらいで成績が上がってきました。

小学校低学年くらいまでであれば、お母さんと一緒に勉強することもできると思いますが、高学年くらいになると、お母さんが「一緒に勉強しよう」と言っても嫌がる子がほとんどです。類くんもお母さんから「勉強しなさい」と言われるのを嫌がって、すぐに喧嘩になってしまったそうです。そのため、家庭教師をつけたそうですが、発達障害の子の学習を見てあげられる家庭教師は、まだ少ないのが現状だと思います。「これくらい、繰り返しやれば覚えるだろう」とか、「ふつう、こう教えれば理解できるはず」というやり方では、なかなか成果がでないのです。普通に学習指導をしても、そこに応えられないので、教える側のモチベーションを保つのが難しくなるのです。

そのためにも、スモールステップで、細かく細かく学習過程でのつまずきを見極めてあげることが大切なのですが、それを保護者がやるのは大変なことなので、相談できる専門家を見つけるといいと思います。幸い類くんは、僕が言うことは素直に聞いてくれたので、学習面の相談も受けていました。

他者と葛藤した中学時代に「心の体力」がついた

――類くんにとって、中学時代は地獄の3年間だったそうですが、その時はどんなサポートをしたのですか?

中学の時は、彼にとって苦難の時代でしたね。モデルの仕事も入って忙しくなり、彼はとても奮闘していました。中学校には、小学校時代からのいじめっ子もいたし、ぱっと目立つ類くんが、上級生の標的になったこともありました。そして、毎日のように「学校に行きたくない」と言っていました。学校が嫌になって医院に駆け込んできていたし、実際、2週間くらい学校をサボったこともありました。

その時、泉さんは学校側が何も対処してくれないことに業を煮やして、「中学校を転校させます」と言い始めました。まだ入学したての中学1年の5月のことでした。それまで、僕は泉さんが「こうしようと思います」「こうしています」ということが、すべて正しかったので、「いいと思います」「そうしましょう」としか言ってこなかったのですが、この時ばかりは、「転校するのは、まだ早い」と止めました。

小学校からずっと一緒のジャイアンみたいないじめっ子のことも、上級生からのいじめも、ある程度は耐えなければいけないと思ったからです。だって、それは続くから。残念ながら、社会に出てもずっと続くことだから、自分で克服しないといけないと教えたいと思いました。小学生までは子どもの要素が多く、大人が守ってあげないといけませんが、もう中学生です。いずれ社会へ出ていくことを見越して、もう自分で耐えていかなければいけない時期にきていると思いました。

上級生によるいいがかりのようないじめはしつこく続き、数人の別の同級生からもバカにされ、先生からも守ってもらえず、類くんにとっては、地獄の3年間だったと思います。でも、この3年間は、彼にとって大切だったと思います。他者とのかかわりの中で葛藤しながら、どう身を処したらいいのかを学ぶことができて、今に続く、いい心の体力がついたのです。

「スーパー謙虚」で、思いやりのある人格

――高橋先生から見て、類くんのいいところはどんなところだと思いますか？

類くんは「ネガティブキャラ」で人気になりましたが、「ネガティブ」と言われる彼の言動は、彼が「スーパー謙虚」であり、「スーパー思いやり」があることの表れだと思っています。それは、幼いころからずっと「相手の気持ちを考えて」とか「こういうことを言ったら、相手の人は嫌だよね」ということを、泉さんに叩き込まれているからかもしれません。もちろん、もともと心が他者に配慮していて、やさしくて、考慮できる人格に育っているから、それが伝わるのだと思います。

僕が感心したエピソードのひとつは、小学生の時のことです。先の話題にも出ましたが、小学校の時に、あきらかに多動性のあるジャイアン型（司馬理英子先生の著書「新版ADHDのび太・ジャイアン症候群」に詳しい）のADHDが疑われる同級生がいて、類くんは、いろいろなちょっかいを出されて、とても嫌がっていたのです。きっと類くんの反応が、他の子と違って面白かったのかもしれませんが、執拗にいじめられて、類くんも参っていました。

ある時、類くんが病院にやってきて、「きっと、あの子も発達障害だと思うんだけど、診断もされていないし、サポートもされていない。どうやったら彼を診断させてあげられるのか？」

と、相談してきたのです。お母さんから、「あなたは診断されてサポートされてきたけれど、彼も明らかにそうなのにね……」と、聞いたらしいのです。当時の類くんとしては、「もういじめられたくない」という思いもあったかもしれないけれど、「自分は周囲に理解されてサポートも受けて、改善される環境を持っているのに、彼は誰からもサポートされていないということは、これからもずっとこのままなのでは？　それが心配だ」ということでした。

これには僕も驚きました。そこまで他人に配慮できるようになったのだなと感心しました。ジャイアン型の子については、泉さんが親御さんに働きかけたようですが、当時は発達障害についての認知も少ない頃でしたので、結局、病院には行ってくれませんでした。類くんが彼とのトラブルで心が削られていることはわかっていましたが、相手の心理をいきなり変えることは難しいので、どうすればトラブルを回避できるのかを一緒に考えました。距離をおくとか、自身が考え方を変えるとか、受けた時の対応とか、少しずつ回避できる方法を見つけるという作業でした。

――テレビなどで拝見しても、言葉づかいが丁寧で謙虚な姿が目立ちます。

類くんは、言葉遣いもとても丁寧なのですが、それは、相手に対しての思いやりのあらわれで、泉さんの影響が大きいと思います。日頃の泉さんとの会話が、類くんの話術というか話し方につながっていると思います。

僕が尊敬する精神科医の青木省三先生（川崎医科大学教授）は、発達障害のある人に話しかける時のコツを次のように言っています。

1　あっさりはっきり
2　くどくなく、同じことを何度も言わない
3　早口で畳みかけない
4　声を大きくしすぎない（穏やかに話す）
5　曖昧なことを言わない

泉さんは、僕がアドバイスしたわけでもないけど、この5つを実践していて、さらに、この話し方を類くんにも要求したそうです。それは、社会に出た時に必要なことだから。「大きな声を出されることは類も嫌だろうけど、類が大きな声を出すことは友達も嫌だし私も嫌。お母さんも頑張ってやめるから、あなたも人にしないようにね」と、諭したそうです。そして、やっていたら指摘するし、逆に指摘されたら「ごめんなさい」と謝るようにしたそうです。

泉さんは類くんが「こういう考えで、こういうことをするのだろう」と理解しているから、常に穏やかに話せるのですね。そして、話のペースを合わせて、間をあけて、類くんが話すことを急かしません。そして、相手の話が終わるまできちんと聞いている。まさに、青木先生のアドバイス通りなのです。

加えて、泉さんは「自分がされて嫌だと思うことは人にしないこと」ということを、繰り返

し類くんに伝えています。折に触れ「○○をされたら嫌だったね。それをやる人になってはいけません。私もしないようにするし、あなたも人にしないでね」と。さらに「話は一方的にするものではない。あなたの話を聞いていて苦痛な人間がいるかもしれないことに想像力を働かさなければいけない。自分の話が面白かろうがどうだろうが、何でも聞いてもらえると思ってはダメだ」と言い聞かせています。

それを理論的に詰めていけるのは、ある意味、泉さんの特性でもあると思いますが、類くんの言動のベースには、そんな泉さんのアドバイスがあると思います。

多くの体験が心の中で温められ花開いた

——類くんと泉さんは一緒に旅行をしたり、美術館や博物館に行くなど、たくさんの経験を大切にされています。それは発達障害の子にとってどんなメリットがありますか?

親子の楽しい共有体験は、本人は忘れていても、親子の信頼関係として残っていきます。特に泉さんは世界中に旅に出かけて、美しいもの、きれいなもの、いいものを見せるというハイエンドの体験をさせています。それが非常によかったと思います。類くんは学生時代に勉強ができなかったり、友達とトラブルがあったりしつつも、もっとハイエンドのことを知っていて、心の奥で温めていたことがたくさんあって、それがいい部分で今花開いていると思います。

発達障害の子にとって、絶対的に大切なのは実体験です。ここで定型発達児という言葉を使うのはどうかな？とも思いますが、いわゆる健常児といわれる理解力のある人たちと、ＡＤＨＤなどの発達障害がある人とでは、脳の動きが違うことがわかっています。例えば不安を覚えた時などに、そのストレスを解消するドーパミンなどの報酬系のホルモンが出るところが違うのです。健常児は前頭葉で理解をしながら、不安を解消したり、喜びを感じますが、発達障害のある子たちは、側頭葉（運動野）で感じることで、不安を解消したり、快感を感じるのです。一部の自閉症の子が不安を解消する手段としてぴょんぴょんと飛び跳ね続けたりするのもそのためだし、多動の子が少しもじっとしていられないのも、動くことで心が落ち着くからです。つまり、そもそもの脳のメカニズムが違うわけです。

極端にいうと、健常児なら言って聞かせて頭で理解して改善できることが、発達障害の子は行動などを含めて体験しないと改善が進まないわけです。

つまり、発達障害の子たちは体で覚えるので、前頭葉でなく側頭葉を刺激する体験が大切なわけです。美しいものを見て感動するとか、触ってその感触に驚くとか、なんでもいいから、体で感じることが大事です。本やテレビを見て知識として伝えるのでなく、何よりも実体験が大事です。

体験はなんでもいいのです。泉さんはたまたま英語もできるし、海外旅行が好きだから、親子で世界中を旅して回っていますが、海外旅行をすることが大事だと言っているわけではありません。実体験は家の中でも近所でも、どこでもいいんです。家のことをお手伝いして「よくできたね」とほめるのでもいいし、一緒にご飯を食べて「おいしいね」と話すのでもいいんです。お母さんが花が好きなら、親子で一緒にプランターに花を育ててもいいし、動物が好きなら、猫の世話を一緒にやるのでもいい。お母さんができること、好きなことを一緒にやるのでもいいし、子どもが好きなことを一緒にやるのでもいいですね。

短期記憶や長期記憶が苦手なタイプのお子さんの場合、その楽しい思い出も「覚えていない」と言われるかもしれません。類くんもせっかく行った旅行のことも、だいたい「覚えていない」そうです。でも、記憶は残らなくてもニュアンスは残るから、ぜひ、体験を大切にしてあげてほしいと思います。

将来の夢につながる後押しをし続けていた

——泉さんの子育ては、ゲームやネットも許すなど、寛容な面も多いですが、ハマって他のことができなくなると心配する声もあります。

本来、子どもは遊びのなか、子ども同士の関係のなかで、人間関係などを学び育っていきますが、ADHDをはじめとする発達障害のある子は、それが苦手です。だから、ある程度、大人が付き添って、その子にあった方法を考えてあげないといけない面があります。僕は医療現場でいろいろな人を診てきましたが、いわゆるボーダーラインの反社会的な問題行動を起こす人たちのなかには、もともと発達障害があって、小さいころから疎外されたり相手にされなかったりした人が多い。残念ながら周囲に理解者がいないまま、卑下されたり、粗雑にされたり、いじめられたりするなかで、人格障害を起こし、犯罪に走ってしまった人が相当数いると思います。

親が許容する範囲が狭いと、子どものやりたいことが、なかなか見つけられなくなります。子どもがアニメやゲームにハマることを喜ぶ親はいないかもしれませんが、そこから、子どものやりたいことを見つけてあげられるといいと思います。

類くんがゲームにハマった時、普通ならパソコンを取り上げるとか、時間制限をするという親がほとんどだと思いますが、泉さんはどうせやるなら、ゲーム動画をもっと格好良く作れる編集方法などを類くんにアドバイスしています。子どもが興味を持ったゲームというものを軸にして、将来の可能性が育てられないか？と思ったそうです。

類くんが鉱物に興味を持った時には、博物館に連れて行き、さらに関心を深めるように促しています。海洋生物に興味を持ったら、水族館に連れていくなど、子どもの興味を広げて、それが将来の夢になるようにと後押しをし続けているのも素晴らしいです。子どもが好きなことには、将来を育てられる「根っこ」があるかもしれないからです。

わが子に何が向いているのか、何ができるのか、どんな才能があるのかを見つけるのは大変で根気のいることですが、諦めずにやり続けるしかないと思います。見つける努力を惜しまないことです。類くんも他の男の子みたいに小学生のころ、サッカーをやったこともあったそうですが、それは彼には向いていなかった。でも、そういうのもやってみないとわからない。無駄になることなんて一つもないんです。とにかくチャレンジすることは大切です。

お母さんが、我が子の幸せの価値観を柔軟に持っていた

――発達障害者の就労、就職はひとつの壁ですが、どうやって適職を見つけたらいいのでしょうか？

就職というと、会社勤めをしてサラリーマンになるのが安定すると思いがちですが、そうでない道も含めて視野を広げて見つけた方がいいでしょうね。杓子定規に考えず、わが子の個性を含めて全体像を把握し、やりたいこととマッチングできたら幸せですが、違った形であっても、特性に合う仕事はきっとあるはずです。協調性がないのなら、ひとりでコツコツやるような職人的な仕事に就けばいいし、美術品の補修作業など文化、芸術を守るような仕事もありますね。

適職選びは、発達障害などに関係なく誰もが求めているもので、正直、難しいことだとは思います。繰り返しになりますが、それは日々の実体験の積み重ねのなかで、我が子に合うものを見つける努力をするしかない。幅広くやっていれば、なにかひっかかるかもしれないし、少なくとも合うか合わないかはわかります。

もちろん、子ども自身がそれに気づいて、やりたいことが見つかれば、それがベターです。類くんの場合はさまざまな経験を重ねたなかで、子どものころから好きだった映画に出てくるコメディ俳優になりたいという夢を持ちました。泉さんは「類は会社員になるより、俳優をめ

ざすほうが向いている」と思って、全面的に応援しています。俳優で生きて行くなんて大変では？と周囲に心配されたようですが、ずっと類くんを見てきた泉さんからしてみれば、会社員や公務員になる方が類くんは難しいと思ったそうです。そんな風に、まず親の方が柔軟になることも大事でしょう。

本人が夢を見つけられないのであれば、家族や周囲の人が客観性を持って「こういうところは伸びるかな？」と、見つけてあげられるといいですね。家族だけだと客観性に欠けるから、かかりつけ医や療育の先生など、ふだんから関わりのあるスーパーバイザーに相談できるといいと思います。例えば、職業訓練所や作業所などにいる間に、いろんな仕事を体験して、向いている職業が見つかることもあります。ハローワークで紹介される仕事は、生きることの支えにはなるかもしれないけど、その子なりにいきいきと生きることにはつながらないことも多いものです。

もっと働く人の適性を説明できる情報を多くして、仕事サイドの情報も厚くして、職場と発達障害者のマッチングができるといいですね。障害者枠でなくとも、採用する会社側が発達障害のことを理解し、特性を生かした仕事ができるところが増えるといいなと思います。発達障害のある人は、その能力をうまく使えばよりよい仕事をし、会社の業績を上げることにもつながります。日本でも一部の企業で導入されていますが、ジョブコーチをつけたり、上司や同僚がサポーターになったりしながら、企業で働く発達障害者もいます。彼らはコミュニケーションが苦手でも発想が豊かで閃きがあるとか、企画力、ずば抜けたパソコンの知識があるとか、飽きずに同じ仕事をずっと続けることができるなど、それぞれの特性があります。万能ではないかもしれないけれど、ここだけは人より優れた才能があるということが仕事につながれば、会社としてもメリットが大きいはずなのです。

とはいえ、世の中が変わるのを待っているわけにもいかないので、とりあえず、失敗してもいいからやらせてみる！というのも大事です。「失敗しないように」と心配ばかりしていたら、何もできなくなってしまう。やってみないとわからないことは多いので、とにかくやってみる。10回くらい失敗して、一つくらい「これでいいんじゃない」というものが見つかるのだと思います。最初から成功しようなんて思わないことです。

幸せの価値観は人それぞれです。仕事で成功することだけが幸せではないですね。仕事は定時で終えて、アフター5に自分の時間をしっかり持てることが幸せな場合もあるし、ひとつのものをコツコツと作り上げることに幸せを感じる人もいるかもしれない。我が子にとっての幸せとは何なのか。幸せの価値観を柔軟に持つことも大切です。

最後に私が常に心掛けていることを紹介します。ぜひ参考になさってください。

高橋先生の、発達障害を持つ子どもへの対処法10か条

1　ＡＤＨＤ　発達障害ではなく、ひとりの個人として理解する

2　孤立させない

3　周囲で環境を作る

4 具体的に生きづらい点、問題点をあぶり出す

5 細かく作戦を立てる（表やノートを活用する）

6 実行できたら少しずつ前進。次の作戦を立てる
（無理はしない。できなかったら次の作戦を立てる）

7 声を荒らげても無駄（クールに落ち着いて対応する）

8 基本的な生活リズムを作る

9 変化していくことを前提に柔軟に考える（誰もが皆、発達の過程であるのだから）

10 一度立ち止まってみる（人それぞれの方法で）

PART 4

彼はなぜ輝く場所を
みつけられたのか

Section_3

友人・又吉直樹さん

「類くんは、めちゃ素直で、
まっすぐで、そこが面白い。
類くんを知ることが
『発達障害』を知る
手がかりになる」

――おふたりの出会いについて教えてください。第一印象はどうでしたか？

又吉　はじめて会う前に、劇場のテレビをみんなで見ていた時に、類くんが出ていて、ルックスやファッションセンスも込みで「この人誰？」って。しゃべりもすごくインパクトがあったんで。「人気なんですよ」と聞いて、「そうなんや ー」と思うてたら、なんかの番組で一緒になってんな？

類　フジテレビの番組でした。湾岸スタジオで、僕が楽屋でいろんな人に挨拶に行こうとした時に又吉さんが綾部さんといて、挨拶したのが「はじめまして」でした。

又吉　スタジオの横の前室みたいなところに、みんなと一緒に座ってたんです。類くんのことはすぐわかって、「あ、おる。存在感あるな」と。でも、パッと見たらどこにも類くんがいないんで、「どこかへ行ったんかな」と思ってたら、**後ろに気配を感じて「もし、よろしかったら、お肩をおもみしましょうか」と**。「おおお、い、いいですよ」ってな。でも、類くんが僕のことを気にしてくれるのがうれしかった。「僕は気になってても、類くんは僕みたいなん嫌いかもしれへん……、けど、気にしてくれてるんや！」ってね。たぶんそこからですね。

――仲良くなれそうだなと、最初に思えたんですね。

又吉　そうですね。

類　僕はもともと母親の肩もみをよくしていて、「笑っていいとも！」のレギュラーになってから、タモリさんとかの肩をよくメイク中にもんだりしていたんです。**当時の僕のコミュニケーションツールというか、スキンシップだったんです。**はじめ僕も又吉さんにどういう言葉をかけていいのか全くわからなくて、その時に目が合ったので「どうしよう」と焦って、真っ先に思いついたのが「肩もみしましょうか」でした。

又吉　**一番の正解出たよねー。一番最初に話す言葉としては(笑)。**

――芸能界の中では、異色なおふたりかもしれませんね。

又吉　そうですね。肩もみから始まって、「いいとも」とか、番組で一緒になることも多くなってな。「いいとも」とかで、僕らがしゃべっていると、**タモリさんとか他の先輩から「暗いのがふたりでしゃべってる」って言われたり。**

タレントさんっていろんな人がおるけど、どちらかというと（世渡りが）上手な人が多いじゃないですか。芸人も明るい人の方が多い。僕も36歳になって、だいぶ明るくなってきたけど、類くんにはじめて会った時の印象は、**自分の10代から20代前半くらいの、誰ともしゃべらなかった頃の感じにすごい似てるなぁって。**当時の僕は、人としゃべって明るくしてバランスをとるという考えもなく、暗いままでいたけど、「又吉だから、しゃあない」みたいに受け入れてもらってた感じで。類くんみたいなタイプを見ると、そのまんまの感じで、類くんがストレスに感じないように、僕がもっとより類くんのそばにいてあげたいなと思ってしまいます。

劇場でも、上手い後輩と、僕に似たようなタイプの後輩とがいるけど、上手い後輩が「僕も太宰好きなんですよー」とか入ってきても、どちらかというと、すべての先輩に背を向けて隅っこの方に座っているヤツとかに、僕は声をかけたくなるんです。

それは、僕が芸人になりたての時とかに、やり方がようわからんで、しんどいなという感覚がすごくあって。類くんを見た時にひかれた理由は、見た目の美しさとかファッションセンスもあるけど、「あぁ、すげーな」というのはその辺です。

――では、ふたりで一緒にいると疲れない感じですか?

又吉　そうですね。僕はけっこう楽しいですね。

類　僕もです。楽しいって直感的に思える人です。人といる時に、楽しいって思えて、もっとこの人と一緒にいたいなって人って、僕そんなにいないんですが、又吉さんは僕にとって、そういう人なんです。

又吉　僕は最初から気になってますし、あとやはり類くんは素直なんです。**めちゃ素直で、まっすぐですし、そこが面白い**。裏がない感じがして。そこが類くんがみんなに面白がられているところやもんな?

類　自分では全然そんなつもりはないんですけど……。僕は作るのが苦手というか、疲れてしまうんです。バラエティの時に、そういうテレビ向けのコンディションでいくとなったら、僕はそれ1本だけで疲れちゃったり、1日のエネルギーを使っちゃうので。なおかつ、**僕がテレビに出る時は、MCさんから振られた質問に正直に答えるだけで面白がられることが、よくわからないことが多かったです。**

又吉　そうか。類くんのいいところは、そこに甘んじてない感じがすることですね。礼儀正しさもそうですし、みんなから「類くんは何してもOK」みたいになって、自分でも合わせるの苦手で、合わせたらしんどいってあるけど、周りに気を使ったり、「自分が何をしたらみんなが喜ぶんか？」ということを考えている感じがして。僕は「類くん、考えんでええで」って思ってるんやけど、**類くんはそれに甘えへん感じがあって、そこも多分みんなに好かれる部分なんかなって。**

僕はそっからすごく周りに合わせに行った結果、すごくいびつな36歳になってしまった気がする。類くんは与えられたキャラクターみたいなものを、そのままやるっていうことではないというか、それだけやっていたら楽なのに、類くんはそういうことではない。そこも好きです。

――又吉さんは芸人になりたての頃に苦しい時代があったのですか？

又吉　それが通常なので、苦しいという意識はなかったですが、人付き合いに関しては、僕は別にいいんですけど、だいぶ目立ってんなぁと。輪に入ってなさすぎて逆に目立つ。**僕自体は、輪に入っていないことが苦しくないけど、みんなから「かわいそう」と思われへんためには、どういう顔をしていればいいんかな？みたいな。**なんかこのあと、みんなで飯食いに行く感じになってるけど、「全然行きたくないけど、誘われてない感じにならへんようにするのは、どうしようかな？」とか、そういうのばかり考えてました。

類　その感じ、すごくわかります。

又吉　で、ひとり決めたんですよ。先輩を。勝手にライブ見てて「あ、この人、めっちゃ面白いな」って思って、4年くらい芸歴が上で、しゃべったこともなかったのに、「ルミネTheよしもと」の楽屋で、いつもその人の横にいって座るようにしたんです。「なんやお前」って、ずーっと言われてたけど、その人にだけはついて行っていたのは、「誰とも全く行かん意志があるわけではないよ」というような。

——又吉さんは類くんの発達障害について、どう思われましたか？

又吉　テレビの番組で言ってたので知りましたが、当時というか、今も発達障害についての知識がそこまでないのですが、**コミュニケーションに関することとか、しんどい思いとか、人一倍ストレス感じる部分とかあるんやろうなぁと思いました。**

でも、それは発達障害であるかないかという専門的なことはわからないけど、類くんとしゃべってる時に「こういうの、しんどいんやろうな。だから、しんどい思いさせたないなぁ」みたいな感覚はあったんで。だから、「ああ、そうなんやな」と思いました。

——しんどそうだな？とは、どんな時に感じましたか？

'16 7 4

又吉　さっき言ったようなことなんですが、みんなと同じようなことをすることです。その時に類くんの方が僕よりも頑張る時があるんです。みんなでおる時に、全員が「イエーイ」っていわな目立ってしまうような時に、僕は「あかん、もうしんどい。もうええわ」って諦めてしまう時があるんですが、**類くんはみんなに合わせようと頑張っているのを見て、「無理してやらんでええよ」と思ってて。**例えば、「いいとも」の打ち上げとかでも、みんなが酔ってむちゃくちゃになるのを、類くんは飲んでなかったのもあるけど、いろいろ回って「大丈夫ですか？」「ダメですよ」「迷惑かかってますよ」とか、周りの人にやってて、「類くん、偉いなー」って。

僕は勝手に、類くんがみんなのためにそんなことをやるタイプでないと思っているんですね。僕と同じで、そういうのは嫌なんじゃないかと。なのに、それができるのが、類くんの才能というか、魅力的なところなんです。類くんは嫌じゃないのかもしれないけど、人のためにとか、いい子すぎちゃうようなことも違和感なくできるのもすごいなと。

それに、「テンションが低かろうが高かろうが、どっちでもいい」ってのがよくて、僕は先輩として、もしかしたら類くんがおるから、類くんが目立っているから、「まぁ、そういうグループもいていいだろう」みたいなのもあるのかなと。そうやって僕が助かっている分、類くんには僕とおる時くらいは、楽にしてほしいと思ったりします。

まぁ、僕がおっても明るくしたかったり、みんなに合わせた方が楽だったら、そっちをやればいいし、違ってたら僕みたいな感じでおってもええしというか。僕の嫌なこととかストレスに感じることを、勝手になんとなく「類くんもそうなんちゃうかなぁ」と思うてるだけで、実際に類くんのどの辺が大変なのかは、この本を読んで知ることになるんではないかと。

――類くんが発達障害だとわかって戸惑いましたか？

又吉　類くんは個性的で魅力的な人物だと思っていますが、発達障害だと聞いても、その印象は変わらないと思います。

たぶん、**類くんという存在が、発達障害というものを知っていく手がかりになるんだと思います。**僕に限らず、類くんのことを面白いとか魅力的とかなんか好きやなと思っている人は多いと思うんで、その人たちが発達障害を知る時に、類くんが入口にあるのは、いろいろな誤解とかがなくなるでしょうし、いい機会なのではないかと思います。

――発達障害についての偏見や誤解が減るといいなと思います。

又吉　そうなった時に、類くんのスタンスがいいんですよね。話は戻りますが、発達障害にみんなが向き合う時に、「しんどいことや嫌なことは、嫌っていうてくれたら、周りがフォローしよう」みたいな風にみんなが思ってた方がいいとは思うんですが、類くんはあまりそれをしない。**類くんは自分が嫌やと思ってても、できることはちゃんとやるというスタンスを持っている。**

――甘んじていないということですね？

又吉　そう。そこがすごいなって思うところですが、でもホンマ、「適当でも」っていうか、「無理せずに」とも思いますが……。

類　子どものころは確かに、周囲に合わせることなどが難しいこともありましたが、**二十歳も超えて社会人になって、難しいことがあっても、それをどう乗り越えるのかが今は自分の課題かなと思っています**。仕事の現場では自分が求められていることに応えたいと思いつつ、自分が守ってきたスタンスをいかにキープするのかも大事にしていて。それには信頼できる友達が重要だと思っています。僕にとって又吉さんは信頼できる人。そういう人に出会えた僕はラッキーだったと思います。

又吉　そうやな。子どもの頃は、クラスが一緒になったら仲良くしましょうとか、ご近所やから仲良くせなあかんみたいなのがあったけど、大人の僕が、家が隣の人と週3で飯にいったりしないわけで、**人に用意された関係の中で生きるのでなく、自分で感覚の合う人を友達として選べるようになったのは大人になってよかったこと**。

例えば、類くんが音楽好きだったら、そこに間違いなく音楽好きがおったりとか、それぞれの趣味などで友達が探せるのがいいなって。僕と類くんはテレビという仕事を通してやったけど、類くんみたいな個性的な人とは、普通に生活していたらなかなか会えなかったかもしれないし、それはテレビのおかげかもしれませんね。

――子ども時代は友達が多いほどいいというような風潮がありますが、大人になると、気の合う人とだけ付き合っていけるのがいい？

又吉　学校は集団なんで、ある程度のルール決めは必要でしょうね。交通ルールのような、「みんなでこうしよう！」みたいなのがあるのは、便利は便利だからあっていいと思うが、みながみな、それに完全に合わせる必要はないと思うんです。もっと臨機応変になっていいんじゃないかなと。例えば身長180cmある小学生がいたら、あんな椅子に座らしたくないと思うし、でも、机と椅子はみんなと一緒のものしか用意しないじゃないですか。

——今の話は体格の話ですが、個性や特性もいろいろですね。

又吉　僕は類くんより性格が悪いと思うんです。

類　僕も十分悪いです。

又吉　わがままなんです。

類　いえいえ、僕も結構。って、何を競い合ってるんですか（笑）。まぁ、僕もこの本に書いてない部分もたくさんあって、クズレベルに性格悪いんで……。

又吉　まぁ、そこを出したら人に迷惑がかかると思って我慢できる部分とか、類くんも大人になってついてきたんでしょうし。僕も全開でいったら嫌われるなとどっかで気づいて、**「これは隠そう、これは隠しきれへん」とかを、どっかでやっているると思います。**

子どもの頃から、みんなと同じことをすることに違和感があるというか、自分はこれでいいと思ったことを貫くことが多かったのですが、まぁ「俺のやり方や」と、押し切るほどの強さもない。目立つのもいやだから、目立っていたら改善していくという感じで。

'16 7 4

'16 7 4

類　僕も昔から目立ちたいとは思わなかったので、**注目を浴びるのは今も疲れます。「じゃぁ、なんでこの仕事？」と、よく言われるけど、それはやっていて楽しい仕事だと思っているから。**又吉さんも、たぶんそういうのあるのかなと。

又吉　そうそう。自分の考えたものを表現できるのが、それが趣味というか、好きやからね。**僕は類くんが選んでいる職業と、あまり目立ちたくないというのは、全然矛盾していないと思います。**自分が面白いと思う感覚を実現させたいと思っていて、そのほかの部分の目立つことは、その範疇に入っていないから。でも、タレントはそのほかの部分も範疇に入ってしまう。そこのズレが生じるけど、類くんが言ってること自体にズレはない。それは僕も感じる部分。

――類くんは「どうせダメだから」と、腐ってないのがすごい。**それはどうしてですか？**

類　**そういう訓練をしてきたからでしょう。**母や主治医をはじめ、周りの力がすごく大きかったです。一応やるのは本人ですが、自分ひとりだとできないことが多い。今でもそうだし、自分でもわかっています。**信頼できる人からのアドバイスや支えがあったから、今の自分があると思う。**

又吉さんの話を聞いていると、又吉さんの変わっている面はすごく芯があって、昔からそういうスタンスでいれたというのが純粋にうらやましいです。群れないというか、自分は自分みたいな。僕はそういうタイプではなくて、好きなものははっきりしていたけど、基本は仲がいい人たちと会話がしたかった。又吉さんは昔からひとりでも大丈夫だったというのが、本当にうらやましいと思います。

又吉　大人になってからの方が、寂しがりやになったかもしれへんな。こんなに人とおったことは子どもの頃にはなかったかもしれへん。

類　僕も10代の頃とかは、友達は3人から5人くらいしかいなかった。**この業界に入って、いろいろな人たちと仲よくなったりすることで、なんか、この人ともっとしゃべりたいなと思うようになったり、しゃべれないと寂しいと思うようになりました。**

又吉　類くんの周りに、類くんが信用できる人・理解してもらえる人がおったっていうのは、めちゃめちゃ大きかったなと思う。

難しいけど、発達障害にかかわらず、みんなもっと相手の特性に合わせて接してあげればいいのになって思うんです。例えば、**僕がコンパに誘われて行くと、絶対横の女の子に「大丈夫ですか？」って言われるんです。**その時点ですっごい帰りたくなる。コンパに参加する人間の最低限のテンションみたいなのがあって、それに自分が合ってないから、みんなは僕のことが心配になる。で、心配されると、僕が「あれ？　間違ってるのかな？」って思っちゃう。

「人それぞれやん。どんな感じでおってもいいやん！」ってのが根本的にあるんで、類くんはそれでいて周りの人に合わせようとしているのがすごいと思う。

発達障害って言葉がどれくらい浸透しているのかという問題もあるでしょう。場所によっては誰も理解してない環境があるかもしれない。その時に、類くんのお母さんみたいな人がいない場合もありますよね。その人たちが、類くんみたいにちゃんとこなさなあかんって思う必要もないというか……。この本をきっかけにし、みんながわかってくれたら、「なるほど、類くんみたいなやり方があんねんな」でいいんですけど、**みんなが類くんと同じ環境ではないから、そこも人それぞれやって伝わっていけばいいですね。**

——互いに違いを認め合うということでしょうか？

又吉　類くんのお母さんが言っている「人生は長い」という話、僕も共通してて、なぜだかよくわからないんですけど、どっかで楽しいことや楽しい瞬間が絶対あると思って生きてるんです。**これはお笑い的な考え方かもしれへんけど、嫌なことがあったら、次に何か楽しいことがあるためのフリや、ていう。**喉渇いてる時の方が水が美味しいとか、腹が減ってる時の方がご飯がうまいとか。嫌なことがあればあるほど、次にいいことがあった時に、めっちゃ楽しいというふうに考えてて、**どっかで最高の瞬間が訪れるっていう想定で生きてる。**

——そう思うと、人生は楽しいですね。

又吉　そうなんです。その前に絶望するのはもったいないんです。もしかしたら、死ぬときの最後のひと言が「その瞬間ないんかい！」って終わっていく可能性もあるけど(笑)、あると思って生きたいです。類くんのお母さんが言う「人生は長い」って話は、そういうニュアンスも含まれるんやないかな。

――類くんのお母さんは、人と同じになりなさいではなく、君は君のままでいいと認めたうえで、方法論として「こういう時はこうした方がいい」と教えていらっしゃいます。

又吉　**類くんみたいな個性的な人って必要じゃないですか**。僕はサッカーが好きで、サッカーをよく見ますが、上手いバランスのいい選手が11人おるチームより、テクニックがあるわけじゃないけど、めちゃくちゃ○○ができるやつとか、背が高いやつ、むちゃくちゃ足の速いやつとか、そういう個性でポジションが作られているチームの方がずっと機能するんです。みながみな同じ特性だと、相手からしたら守りやすいし、サッカーとしても見ていておもしろくない。

僕も類くんも、勝手に決めてごめんやけど、センターポジションのいわゆる万能型の選手じゃないかもしれない。類くんはもしかして足が速くてめちゃくちゃ点が取れるフォワードかもしれない。僕は真ん中でみんなにパスしたりはできひんけど、とりあえず左サイドに張ってて、そこでボールを受けたらなんかできるとか。そういうイメージで、**全体の中の一部分で「ここはやれます」っていうふうに思ってます**。全部が全部、ここもできてあれもできてってなれると思ってないんで。

でも、世の中とか社会ってそういうもんじゃないのかなって。みんながみんな完璧にこなす必要はなくて、**それぞれのできることを全力でやってりゃ、おもしろくなるんじゃないか**って思ってて。そこは、それぞれ尊重してほしいなって。

――ひとりひとりが違っていてもいいんですね？

又吉　そうなんです。違っててもいい。発達障害について、僕はこれから勉強するところですが、発達障害を伝えるうえで、類くんがすごくいい役割を果たすのだろうなと思うのは、みんなそれぞれの特性があるから、「それぞれでいい」っていうのが大前提としてあります。「やっぱ違ってていい」って。

最初から何でもできる子だったら、類くんの礼儀正しさは存在しなかったかもしれないし。類くんの周りの人に対する気遣いも存在しなかったかもしれない。それは類くんが人と違うとか、発達障害ってことを受け入れた時に、それでもできることはちゃんとやろうと思ったところなんですよ。これが重要で。

これから発達障害が受け入れられて、個性を尊重すると、「いや、そんな無理すんな」「自分がしんどいことは、あまりやりすぎない方がいい」ということにもなりそう。でも、**周囲が「あなたはそれでいいよ」としてしまった時に、もしかしたら改善できたことや成長できたことに、周りがフタをする可能性もあって、**そこが類くんのお母さんは絶妙やったんですかね〜。

――自分ができることを自分のできる方法で一生懸命やることが大事ということ？

又吉　そこのさじ加減も難しいですね。

類　僕は頑張りすぎないのが一番なのかなとは思っています。人生は長いって話ともリンクするのですが、ちょうどいいくらいにやるけど、でも頑張りすぎない。無理しすぎない。

又吉　そうやな。

類　自分の体は一つしかないし、それを崩してしまったら何もできないんで。

又吉　絶対、頑張らんほうがいい。

類　すぎないってことですね。

又吉　僕は子育てとかしたことないから、よくわかりませんが、自分の経験に置き換えて想像すると、僕らの時代って部活がすごく厳しくて、先輩が怖かったんですね。そんな中で僕は「はいっ」っていう返事ができなかった。小さな声で「はーい」としか言えなくて、でも練習して練習して、やっと言えるようになったわけです。

でも、もし、それがゆるゆるの部活で、「もう、又吉はええわ」となっていたら、僕はいまだに「はいっ」って言えてないですよ。

自分のなかで、ある程度、努力する環境が与えられたからよかったのかなって。そこのバランスも難しいと思う。しんどすぎることは絶対やる必要ないし。頑張りすぎる必要はなくていいけど、全てを認めるってことが、もしかしたらその人が成長する可能性みたいなのを奪っている時もあるんかなぁと思って。だからみんな努力しろっていうのも違うと思うし。そこの見極めは、周りにおる人や信頼できる人が、本人との関係性の中で作っていくしかないんかなって思う。

――発達障害者の家族や周りの人たちが考えた方がいいことの道が見えた気がしました。

又吉　一番わかっているのは、**「努力して何でもみんなと同じようにできるように頑張れ」って**

追い込むことが、一番ダメだということ。全部許すってのが前提にあって、でも、本人の幸福度というか、のちのちの幸せとか、楽しく過ごせるために、何をできていた方がいいのかとか、何をしていけばいいのか、というふうに。本人のために、みんなも本人も考えて行動することが大事なんでしょうね。その見極めはほんま、当事者しかわからんし、人それぞれ、全員バラバラやろうし。

——幸せを感じることの基準も人それぞれですものね？

又吉　人に尊敬されることが幸福な人は、尊敬されるようにやればいいんですけど、尊敬されるために生きているんじゃないってことを考えると、人に迷惑をかけないように、みんなの楽しさを尊重したうえで、自分が日々楽しく過ごすっていうのがベストだと思うんです。考えてみれば、**人間として完璧に、みんなに褒められるように生きて行く必要なんてない**んですよね。

おわりに

この本を手に取って下さりありがとうございます。

発達障害は、人によって障害内容や程度は異なり、「できること・できないこと」「苦手なこと・得意なこと」も大きく異なり、育て方や接し方も違ってきます。

ですから、この本を読んで、一つの例として参考にしてもらえたら、そして気持ちが少しでも楽になったり、あきらめていた自分の目標を再び目指すキッカケになってくれたらすごくうれしいです。

人は、発達障害であろうとなかろうと、「その人が輝くための場所」さえみつけることができれば、そしてあきらめず、その人なりの時間軸で成長すれば、誰もが必ず輝くことができるのだと思います。

僕でさえ、数年前にできなかったことで、最近になってできるようになったことがたくさんあるのですから。いつか必ず素晴らしいコメディ俳優になるという夢に向かって、周囲の力を借りながら、僕なりのペースで、歩んで行こうと思います。

今回の書籍化にあたり、原稿を書くということが、自分を振り返ると同時に、自分と向き合うとてもよいきっかけになりました。機会をくださったKADOKAWAや所属事務所に心より感謝します。

最初は、自分自身の過去を思い出そうにも記憶がなくて、人に伝わるような原稿が書けず、このままでは本が出来ないという話にまでなったこともあったのですが、周囲の力を借りて思い出し、1年以上かけて最終的にこうして出版にこぎつけることができてホッとしています。

最後に、僕は自分の障害を公表したことにより「伝える」ということの大切さに改めて気づきました。それは、確かに難しいことかもしれないですし、怖くなることもあります。かつての僕がそうだったように「自分の居場所なんかない」「自分は独り」「言っても何も変わらない」と思っている方もおられるでしょう。でも少なくとも僕は今回の公表が新たなきっかけ・転換点になったことは間違いありません。

栗原類

出典

P3「全国小中学校の発達障害者の割合について」(文部科学省2012年)
全国の公立小中学校の通常学級に在籍する児童生徒のうち、人とコミュニケーションがうまくとれないなどの発達障害の可能性のある小中学生が6.5%。推計で約60万人。

P195「子どもの障害をどう受容するか」中田洋二郎著 大月書店 2002年

P205「新版ADHDのび太・ジャイアン症候群」司馬理英子著 主婦の友社　2008年

P206「ぼくらの中の発達障害」青木省三著　筑摩書房　2012年

栗原類

1994年東京生まれ。イギリス人の父と日本人の母を持つ。8歳のときNYで発達障害と診断される。11歳のときコメディ俳優になりたいという夢が芽生える。同年日本に帰国。中学時代にメンズノンノなどのファッション誌でモデルデビュー。17歳のときバラエティ番組で「ネガティブタレント」としてブレイクする。その後、現在の事務所に移籍（エヴァーグリーン・エンタテイメント）。19歳でパリコレのモデルデビュー。21歳の現在は、モデル・タレント・役者としてテレビ・ラジオ・舞台・映画などで活躍中。

栗原類オフィシャルブログhttp://ameblo.jp/louiskurihara-ege/

［監修］
栗原泉
高橋猛

［Special Thanks］
又吉直樹

［企画協力］
中田ひろこ（エヴァーグリーン・エンタテイメント）
中馬聡子（エヴァーグリーン・エンタテイメント）
津田明美（エヴァーグリーン・エンタテイメント）

［Staff］
撮影：梅佳代
装丁：川名潤（prigraphics）
スタイリング：酒井タケル
ヘアメイク：吉田真妃
DTP：アーティザンカンパニー
校正：麦秋アートセンター
編集協力：江頭恵子
編集：鈴木聡子

撮影協力：浅草ビューホテル
衣装協力：sneeuw

発達障害の僕が
輝ける場所を みつけられた理由

2016年10月9日　第1刷発行
2016年12月12日　第6刷発行

著　者　栗原類（くりはら　るい）

発行者　川金正法
発　行　株式会社KADOKAWA
〒102-8177 東京都千代田区富士見2-13-3
TEL：0570-002-301（カスタマーサポート・ナビダイヤル）
年末年始を除く平日9：00～17：00

印刷・製本　大日本印刷株式会社

ISBN 978-4-04-601777-2 C0095

Printed in Japan
http://www.kadokawa.co.jp/